新・教職課程演習　　第16巻

中等国語科教育

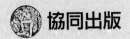

筑波大学人間系教授　**甲斐雄一郎**
広島大学大学院教授　**間瀬　茂夫**　編著

協同出版

刊行の趣旨

　教育は未来を創造する子どもたちを育む重要な営みである。それゆえ，いつの時代においても高い資質・能力を備えた教師を養成することが要請される。本『新・教職課程演習』全22巻は，こうした要請に応えることを目的として，主として教職課程受講者のために編集された演習シリーズである。

　本シリーズは，明治時代から我が国の教員養成の中核を担ってきた旧東京高等師範学校及び旧東京文理科大学の伝統を受け継ぐ筑波大学大学院人間総合科学研究科及び大学院教育研究科と，旧広島高等師範学校及び旧広島文理科大学の伝統を受け継ぐ広島大学大学院人間社会科学研究科（旧大学院教育学研究科）に所属する教員が連携して出版するものである。このような歴史と伝統を有し，教員養成に関する教育研究をリードする両大学の教員が連携協力して，我が国の教員養成の質向上を図るための教職課程の書籍を刊行するのは，歴史上初の試みである。

　本シリーズは，基礎的科目9巻，教科教育法12巻，教育実習・教職実践演習1巻の全22巻で構成されている。各巻の執筆に当たっては，学部の教職課程受講者のレポート作成や学期末試験の参考になる内容，そして教職大学院や教育系大学院の受験準備に役立つ内容，及び大学で受講する授業と学校現場での指導とのギャップを架橋する内容を目指すこととした。そのため，両大学の監修者2名と副監修者4名が，各巻の編者として各大学から原則として1名ずつ依頼し，編者が各巻のテーマに最も適任の方に執筆を依頼した。そして，各巻で具体的な質問項目（Q）を設定し，それに対する解答（A）を与えるという演習形式で執筆していただいた。いずれの巻のどのQ&Aもわかりやすく読み応えのあるものとなっている。本演習書のスタイルは，旧『講座教職課程演習』（協同出版）を踏襲するものである。

　本演習書の刊行は，顧問の野上智行先生（広島大学監事，元神戸大学長），アドバイザーの大髙泉先生（筑波大学名誉教授，常磐大学大学院人間科学研究科長）と高橋超先生（広島大学名誉教授，比治山学園理事），並びに副監修者の筑波大学人間系教授の浜田博文先生と井田仁康先生，広島大学大学院教授の深澤広明先生と棚橋健治先生のご理解とご支援による賜物である。また，協同出版株式会社の小貫輝雄社長には，この連携出版を強力に後押しし，辛抱強く見守っていただいた。厚くお礼申し上げたい。

　2021年2月

監修者　筑波大学人間系教授　　清水　美憲

広島大学大学院教授　小山　正孝

序文

　PISA（Programme for International Student Assessment）と呼ばれる国際的な学習到達度に関する調査は，OECDが加盟国の15歳児を中心に，2000年に第1回を実施し，以後3年ごとに調査を重ねてきている。

　特にPISA2003の結果は，国境をこえた学習到達度調査において，これまでの先進国の序列を覆すものであったため，参加国での反響は大きかった。学力低下が社会問題化する時期にあった日本でも，国語科に限ってもPISAにおけるリテラシーの定義や出題された問題の観点，また他の諸国との比較によって明らかになった日本の学習者をめぐる課題の数々は，国語科の教育内容を再考する契機となった。その結果，「PISA型読解力」などという言葉が生まれるなど，それまでなじんできたリテラシー観が揺さぶられてきている。

　もちろんPISAによるリテラシーの定義の多くは世界の言語教育の動向とかけ離れているわけではないので，PISAをめぐる動揺がそれまでの流れを断ち切る方向に進むことはなく，教育内容を再構成するとともに新たな教育内容を生み出し，また伝統的な教育内容の重要性を再確認することもあったはずである。

　さらに，OECDは，DeSeCo（Definition & Selection of Competencies）と呼ばれるプロジェクトにおいて「コンピテンシー」（資質・能力）の概念に基づき，「キー・コンピテンシー」を打ち出した。「コンピテンシー」は，知識やスキルだけでなく態度を含めた全体的な能力を表す概念で，米国を中心とした国際プロジェクトATC21Sの「21世紀型スキル」などとともに，世界の教育改革に影響を与える能力モデルにおいて基盤となる概念となっている。

　こうした未来に向けた学力観の転換をふまえ，我が国の新しい教育課程においては，資質・能力の3つの柱「知識及び技能」「思考力，判断力，表現力など」「学びに向かう力，人間性など」や「主体的・対話的で深い学び」など，これまでとは異なる枠組みと教育用語が用いられている。これらは，学

びを通して子どもたちに身に付けてほしいことを明確にし，どのように学ぶかを示すために取り入れられたものである。また，中等国語科においては，「ことばによる見方・考え方」など，他教科とそろえたかたちでの新たな用語が教育内容に位置づけられている。こうした教育用語の理解は，これから中学校，高等学校の教員を目指す人にとっても，新しい教育課程での学習指導を実践する人にとっても不可欠なものとなっている。

　本書において取り上げたQ＆A形式の解説は，こうした新しい教育課程での用語を中心に中学校・高等学校国語科の指導の原理や理論，実践への指針をまとめたものである。第1章は目的・目標，第2章は内容構成，第3章は指導法，第4章は評価，第5章は「見方・考え方」，第6章は学習上想定される困難，第7章は教材研究の視点，第8章は教師の職能成長をとりあげている。これら8章には65個のQ（問い）を配置し，国語教育の実践研究に携わってきた執筆者によるA（答え）を通して中学校・高等学校の国語科を網羅的に捉えるとともに，これからの国語科の在り方の理解を促すことができるようになっている。

　しかし当然のことながら，国語教育には時代の動向にともなってさまざまな課題が担わされる。2020年初頭から世界が見舞われた新型コロナウイルスの蔓延にともなうさまざまな問題により，私たちの生活様式は大きく変わった。それはコミュニケーションの在り方に顕著に表れている。伝え合うことを中心的な教育内容とする国語科において，これからの授業実践はどのように考えたらよいか。こうした前例のない課題への直面は避けられないだろう。

　本書の読者が中等国語教育について考え学ぶことを通して，これから国語科を担う一員となるとともに，こうした新たな課題に直面した際の基礎的な指針を本書から獲得できるものと確信している。

　最後に本書の刊行にご尽力いただきました方々に厚く御礼申し上げます。

　　2021年10月

　　　　　　　　　　　　　　　　　　編者　甲斐雄一郎・間瀬茂夫

新・教職課程演習　第16巻
中等国語科教育

目次

第4章　国語科の評価法

第5章　国語科に固有な「見方・考え方」

第6章 国語科学習上の困難点

第7章　国語科教材研究の視点

第8章　国語科の教師の職能成長

第 1 章

国語科の目的・目標

Q1 中学校・高等学校国語科における学習指導要領の目標はどのように変化してきたかを述べなさい

1. 国語科の学習指導要領は中学と高校とで告示日などは異なるものの数次に渡って以下のように改訂されてきた。

　第1次は，初めて作成された学習指導要領であり「国語科編（試案）」として中学は小学校と1冊にまとまり，言語経験や言語生活の重視が試みられた。高校は学習指導要領はなく「新制高等学校の教科課程に関する件」で国語科の各科目名（◎国語，国語，書道，漢文）や単位数が示された（◎は必履修科目，○は選択必履修科目，無印は選択科目で以下同じ）。

　第2次は，引き続き「試案」の形であるが中高で1冊の指導要領となった。中学では言語活動がひときわ重視された。高校では試案ではあるものの初めての学習指導要領となった。その目標は中学をさらに高めたものであり，これを達成する科目として◎国語（甲），国語（乙），漢文が設定された。

　第3次は，「試案」の文言が取れ文部省告示の国家基準となり系統性が重視された。中学の目標は4項目に整理され「1 生活に必要な国語の能力を高

	中学	高校
第1次	1947（S22）＊試案	1947（S22）「新制高等学校の教科課程に関する件」
第2次	1951（S26）＊試案	1951（S26）＊試案 1952（S27）＊試案の補訂 1956（S31）＊改訂版
第3次	1958（S33）	1960（S35）
第4次	1969（S44）	1970（S45）
第5次	1977（S52）	1978（S53）
第6次	1989（H元）	1989（H元）
第7次	1998（H10）	1999（H11）
第8次	2008（H20）	2009（H21）
第9次	2017（H29）	2018（H30）

め，思考力を伸ばし，心情を豊かにして，言語生活の向上を図る。／2経験を広め，知識を求め，教養を高めるために，話を確実に聞き取り，文章を正確に読解し，あわせてこれらを鑑賞する態度や技能を身につけさせる。／3経験したこと，感じたこと，考えたことをまとめ，人に伝えるために，わかりやすく効果的に話し，正しく書写し，的確に文章に書き表わす態度や技能を身につけさせる。／4ことばのはたらきを理解させて，国語に対する関心や自覚を深め，国語を尊重する態度や習慣を養う」となった。高校の目標は中学をより高めたものになっているが2と3が主として「理解」と「表現」から整理され1つの項目にまとめられた。科目として◎現代国語，○古典甲，○古典乙Ⅰ，古典乙Ⅱが設定された。

　第4次は，教育内容の現代化や精選化が図られた。中学の目標は「生活に必要な国語の能力を高め，国語を尊重する態度を育てる」に続き，「1国語によって思考し，理解し表現する能力と態度を養う。／2国語による理解と表現を通して，知識を身につけ，考えを深め，心情を豊かにする。／3国語による伝達を効果的にして社会生活を高める能力と態度を養う。／4言語文化を享受し創造するための基礎的な能力と態度を育てる。／5国語の特質を理解させ，言語感覚を豊かにし，国語を愛護してその向上を図る態度を養う」と整理された。目標に「言語感覚」が新たに入ってきた点に特徴がある。高校は中学をより高めたもので同じく5項目で示され，科目として◎現代国語，◎古典Ⅰ甲，古典Ⅰ乙，古典Ⅱが設定された。

　第5次は，それまでの反省からゆとりが求められ国語科では言語の教育としての立場が強調された。中学の目標は「国語を正確に理解し表現する能力を高めるとともに，国語に対する認識を深め，言語感覚を豊かにし，国語を尊重する態度を育てる」と一文で示され，「生活」という文言がなくなった。高校ではこれを高め，さらに「言語文化」が加えられた目標となっている。科目として◎国語Ⅰ，国語Ⅱ，国語表現，現代文，古典が設定された。

　第6次は，社会の変化に対応した新しい学力観が鍵となる一方で引き続き言語の教育が強調された。中学の目標には再び「思考力」が入り，新たに「想像力」も加わった。高校ではこれがさらに高められるが，「想像力」はな

く「言語文化」が加わっている。科目として◎国語Ⅰ，国語Ⅱ，国語表現，現代文，現代語，古典Ⅰ，古典Ⅱ，古典講読が設定され，選択科目が非常に増えた。

　第7次は，基礎基本や生きる力が鍵となり，コミュニケーションが重視されたり文学的文章の詳細な指導が改められたりした。中学の目標は第6次のものに「伝え合う力」が加えられた形となった。高校ではこれがさらに高められているが「想像力」はなく「言語文化」が加わっている。科目は〇国語表現Ⅰ，国語表現Ⅱ，〇国語総合，現代文，古典，古典講読が設定されており，選択ではあるものの必履修科目の中に国語表現が初めて入った。

　第8次は，言語活動の充実が目指された。中学では第7次と目標は変わりなかった。高校では「想像力」がようやく付加され「国語を適切に表現し的確に理解する能力を育成し，伝え合う力を高めるとともに，思考力や想像力を伸ばし，心情を豊かにし，言語感覚を磨き，言語文化に対する関心を深め，国語を尊重してその向上を図る態度を育てる」となった。科目としては◎国語総合，国語表現，現代文Ａ，現代文Ｂ，古典Ａ，古典Ｂが設定された。

　第9次は，主体的・対話的で深い学びが目指された。中学の目標は「言葉による見方・考え方を働かせ，言語活動を通して，国語で正確に理解し適切に表現する資質・能力を次のとおり育成することを目指す。／（1）社会生活に必要な国語について，その特質を理解し適切に使うことができるようにする。／（2）社会生活における人との関わりの中で伝え合う力を高め，思考力や想像力を養う。／（3）言葉がもつ価値を認識するとともに，言語感覚を豊かにし，我が国の言語文化に関わり，国語を尊重してその能力の向上を図る態度を養う」となった。高校では「言葉による見方・考え方を働かせ，言語活動を通して，国語で的確に理解し効果的に表現する資質・能力を次のとおり育成することを目指す。／（1）生涯にわたる社会生活に必要な国語について，その特質を理解し適切に使うことができるようにする。／（2）生涯にわたる社会生活における他者との関わりの中で伝え合う力を高め，思考力や想像力を伸ばす。／（3）言葉のもつ価値への認識を深めるとともに，言語感覚を磨き，我が国の言語文化の担い手としての自覚をもち，生涯にわ

たり国語を尊重してその能力の向上を図る態度を養う」となっている。科目として◎現代の国語，◎言語文化，論理国語，文学国語，国語表現，古典探求が設定された。中高ともに「言葉による見方・考え方」や「社会生活」が強調され，さらに「言語活動」という指導方法が目標にまで含まれるようになっている。

参考文献・URL

国立教育政策研究所「学習指導要領データベース」https://www.nier.go.jp/guideline/index.htm.

（長田友紀）

Q2 中学校・高等学校国語科教育は何を目指すのか

1．ことばを学ぼうとする意欲の育成

　1点目は，ことばを学ぼうとする意欲を育むことである。2019年度全国学力・学習状況調査結果によれば「国語の勉強は好きですか」という質問に対し，肯定的な回答をした中学生は61.5％に留まった。小学生も64.2％と決して高くないが，それと比べても3ポイント低い。経年変化で改善傾向が見られるものの，国語嫌いや国語離れと呼ばれる状況は現在も深刻だと言わざるをえない。ことばを学ぶ意味やよろこびを実感することが大切なのは，個々の国語科授業を成立させるためだけではない。それが持続的な学びを支えるからである。それは自己学習力や言語学習力と呼ばれる。定期テストや入学試験といった外発的要因がなくとも，よりよい生を生きるために，私たちはことばを学び続ける。言語学習力を内発的に駆動させるのは，学校の授業で経験したことばを学ぶおもしろさや楽しさの蓄積である。学びがいのある授業を構想・実践することを通し，ことばを学ぶことに親しむ人間を育てることが，国語科教育の目標の一つである。

2．構想力としての言語活動力の育成

　2点目は，言語活動力－ことばで理解（聞く・読む）し，ことばで表現（書く・話す）する力の育成である。しかし，聞くこと，読むこと，話すこと，書くことができれば何でもよいのではない。国語科教育が目指す言語活動力は，社会的文脈の中での適切な理解力と表現力であり，常に価値を伴う。

　では，価値ある聞く力，読む力，書く力，話す力とは何だろうか。よく読んでもいない本についての断片的な情報を巧みにつなぎ合わせて読書感想文にすることや，SNSで情報を不適切に発信・拡散したり，他者を誹謗・中傷したりすることは，国語科教育が目指す言語活動力ではない。言語的事実の存在だけをもって，言語活動力を育てたということはできない。

　繰り返し同じ内容を話し出す認知症患者に対し，専門の介護福祉士が近況を共有しようと耳を傾けている状況を想像してみよう。言語的事実としては類似の出来事の繰り返しに見えるかもしれないが，そこでの言語活動は単純な反復ではない。すぐれた介護者はこの状況の中で，患者が抱える痛みを感じ取り，患者が見せる新しい表情や変化に気付き，話しかけることばを探っている。このように，聞くことというのは，音声言語を受容するに留まらず，他者のことを想像し，洞察し，発見することである。つまり，価値ある聞く力とは「着想する力」であると捉えることができる。

　国語科教育が育成するのは，他者との関わりの中からより適切な言語活動・言語生活を探究する，「構想力としての言語活動力」なのである。いま，一例として，価値ある聞く力は着想する力であると述べた。では，価値ある読む力，書く力，話す力は，それぞれどのように捉えることができるだろうか。具体的な文脈・状況を思い浮かべながら考えてみよう。

3．社会と文化の再構築

　現代社会を生きる私たちは，文化，言語，国籍，年齢，性別，身体機能・認知機能の程度などのちがいを踏まえた，多様な人々のことばがそれぞれ尊重される社会・文化を築いていかなければならない。それは，一人ひとりの言語活動力と社会・文化とを接続することでもある。これが，国語科教育が目指すことの３点目である。以下の例を通して考えてみよう。

　海外に生まれ，いま日本の中学校や高等学校に通い，将来，故郷に帰って母語中心の生活に戻る予定の生徒たちにとって，言語活動力とは，「我が国の言語文化」とは，何だろうか。国語科は，自国中心主義に陥ることなく，そうした生徒たちの環境でも役立つ力を育てているだろうか。さまざまな言語的背景をもつ人々がともに生きる国際社会の土台を築く国語科教育でありたい。

　中学校や高等学校卒業後，大学に進学したり社会に出たりしてから，文芸作品の創作や鑑賞を楽しむ人も多い。たとえば，詩・短歌・俳句をつくったり，読書会や落語会に出掛けたりする。こうした文化を育てることも，国語科教育の視野に入れておきたい。

視覚障害者が誤ってホームに転落する事故が報道されることがある。ホームドアの設置も進められているが，「お手伝いできることはありますか」，「お尋ねしていいですか」と互いにことばを掛け合う方法もある。ことばで他者と関わろうとするこうした行動は，目標として事前に定式化することはむずかしい。しかしすぐれた言語活動力の成果ではある。いまこそ，「伝え合う力」の本来の意義を見直したい。

　生徒たちが，身に付けた言語活動力をテストの点数のために使うだけでなく，社会生活で適切に活用し，ことばで人生を切り開いていくためには，国語科教育がその目標として，ことばの側面から社会・文化を再構築する役割の一端を担うということを社会全体で共有することが重要である。

＊

　以上，中学校・高等学校国語科教育が目指すことを3点にまとめた。これらは個別の授業目標ではなく，総括的な根本目標（目的）である。そして，教科目標は固定的・絶対的なものでなく，相対的なものである。関連分野の研究成果，時代を共有する他者，具体的な授業実践との対話的検討を通して，適切な方向性を問い続けなければならない。例えば次のような問いをもとに，中学校・高等学校国語科教育の目標を深めてみよう。

①1．～3．の各目標は，普遍的な目標（時代や地域を越えて求められる目標）だろうか，それとも今日的な目標（いま・ここの社会・文化的状況に応じて求められる目標）だろうか。

②学習指導要領には教科目標や学年目標が掲げられているが，学習指導案で言及されるのは一般的に指導事項が多い。教科目標や学年目標は，実際的にはどのように役立てられているのか。

参考文献・URL

田近洵一（1975）『言語行動主体の形成』新光閣書店．

竜田徹（2014）『構想力を育む国語教育』渓水社．

国立教育政策研究所 https://www.nier.go.jp/（2020年6月30日閲覧）．

（竜田　徹）

第2章

国語科の内容構成

Q1 話すこと・聞くことの内容構成はどのような ものか

1．話し言葉の領域と使用の際の意識をめぐって

　話すこと・聞くことの基盤となる話し言葉の領域について，その枠組みを示したのが西尾実（1947）であった。西尾は話し手と聞き手の関係，また聞き手の人数によって，話し言葉の領域を独話，対話，そして会話としている。独話は話し手と聞き手が「一対一」もしくは「一対多」で，話し手と聞き手が比較的固定している形態，対話は話し手と聞き手が「一対一」で両者が随時交代する形態，会話は話し手と聞き手が「一対多」で随時交代する形態を指す。それぞれの形態は話題の一貫性，目的の明確さなどによって，特殊形態を発達させているとされる。独話の特殊形態が講義・講話・講演，対話の特殊形態が問答・対談，会話の特殊形態が討議・討論・協議・鼎談などになる。話すこと・聞くことの活動はこれらの形態に整理される。

　学習指導においてはこれらの形態に即して言語生活者としての資質を高めることを目指すことになる。そのための視点については倉澤栄吉の一連の仕事が示唆的である。倉澤（1948）では言語使用の場面を検討するうえで参照するための「言語三角形」を提案している。話し手（自分），聞き手（相手），ことがら（話題・題材）の3つの頂点とする三角形を考え，各頂点をつなぐ三角形の中心に言葉を位置付ける図式である。この図式によるならば，言語使用に際して主体の意識は，ことがら，言葉，相手とともに，話し手として，あるいは聞き手としての自分自身にも向かうことになると理解される。

　話すこと・聞くことの内容は，以上の話し言葉の形態と言語行動主体の意識によって構成されるものとして説明できる。

2．国語科における話すこと・聞くことの位置付け

　国語科の内容としての話し言葉の形態と言語行動主体の意識にかかわる指

導事項を具体化したのが学習指導要領である。

　平成29年改訂の中学校学習指導要領，平成30年改訂の高等学校学習指導
要領において，話すこと・聞くことは中学校国語科及び高等学校国語科のう
ち「現代の国語」と「国語表現」に位置付けられている。他の諸教科と同
様，それぞれの内容は〔知識及び技能〕及び〔思考力，判断力，表現力等〕
によって構成されている。ここではとくに〔思考力，判断力，表現力等〕に
位置付けられた「A話すこと・聞くこと」を取り上げる。

　「A話すこと・聞くこと」は，他の領域と同じく①指導事項と②言語活動例
から構成されている。言語活動例を参考に，生徒の興味関心，また学習の状
況などに応じて設定した話すこと・聞くことにかかわる実際の言語活動を通
して指導事項を指導することになるのである。

（1）指導事項

　話すこと・聞くことの指導事項は，中学校国語，高等学校国語「現代の国
語」，「国語表現」を貫いて5事項から構成されている。いずれも「言語三角
形」の各頂点とことばにかかわる意識を方向づける内容である。

　1つ目は「話題の設定，情報の収集，内容の検討」にかかわる事項であ
る。目的や伝える相手を前提としつつ，ことがらに向けた意識の在り方にか
かわる内容である。話題の設定は日常生活から始まり，社会生活に広げるこ
ととされ，高等学校における「現代の国語」まで継続している。「国語表現」
ではさらに加えて自分にかかわる事柄から選ぶこととしている。内容の検討
に際しては聞き手の立場や考えを想定することも求められている。

　2つ目は話す際の「構成の検討，考えの形成」にかかわる事項である。求
められるのは聞き手の理解を考えてことがらを再構成する内容である。第1
学年における事実と意見との関係，第2学年以降では根拠の適切さや論理の
展開などへの注意が求められ，「現代の国語」では相手の反応の予想に基づ
く構成の工夫も求められている。「国語表現」ではこれらに加えて具体例の
効果的な配置など，話の構成や展開を工夫することが求められている。

　3つ目は話す際の「表現，共有」にかかわる事項である。聞き手の理解を
考えるという意味では2つ目と共通するが，相手の反応や場の状況に応じて

言葉を選ぶことに加えて，資料や機器の効果的な使用など，相手の同意や共感を求める工夫を図ろうとする点に重点を置いた事項である。

4つ目は聞くことに際しての「構造と内容の把握，精査・解釈，考えの形成，共有」にかかわる事項である。中学校においても「現代の国語」においても互いの考えを比較したり，話の内容や方法を評価するとともに，自分の考えを広げたり深めたりすることが求められている。「国語表現」においてはさらに自分の思いや考えを広げたり深めたりするために，共感を伝えたり相手の思いや考えを引き出す工夫をすることが求められている。

5つ目は話し合う際の「話合いの進め方の検討，考えの形成，共有」にかかわる系列である。話し合いへの参加の仕方とともに話し合うことを通して話し手聞き手双方が考えを広げ，あるいは深める系列である。

（2）言語活動例

学習指導要領に挙げられた言語活動例は3類型に分けられる。

西尾実の分類によるならば1つ目が独話の系列である。紹介や説明，報告や意見など，目的に応じて伝え，聞き手としては聞いて確認したり感想を述べたりする活動である。これは中学校から高等学校における「現代の国語」，「国語表現」に至るまで設定されている。2つ目が対話の系列である。「国語表現」には異なる世代の人や初対面の人へのインタビューが位置付けられている。3つ目が会話の系列である。互いの考えを伝え合う話し合う活動である。これは中学校から「現代の国語」「国語表現」にいたるまで，人数の規模や話し合いの目的に応じた展開を考えながら行うこととされている。

参考文献

倉澤栄吉（1948）『国語学習指導の方法』世界社（『倉澤栄吉国語教育全集』第一巻，1987年，角川書店に再掲）.

西尾実（1947）『言葉とその文化』岩波書店（『西尾実国語教育全集』第四巻，1975年，教育出版に再掲）.

（甲斐雄一郎）

Q2　読むこと（文学的文章）の内容構成は どのようなものか

1．読むこと（文学的文章）の教育のあり方

　読むこととは，読者が文章（テクスト）と交渉しながら意味形成を行う，能動的・主体的な営みである。そして教室における読むことは，1人で読むだけでは，あるいは1度読むだけでは行けないどこかへ向かうためにある。

　文学的文章として読まれる対象は，主に物語・小説・随筆・詩歌といったフィクション（「作り話」であることを了解して読まれるもの）であるが，読者はそれらの文章を自身の経験（疑似的なものを含む）で裏打ちすることによって，ときには現実以上のリアリティをもって受け取る。共感することもあれば違和感を覚えたり理解できないと思うこともあるだろう。印象に残る人物や場面は読者によって異なるが，読むことの授業は初読の感想における断片的な印象を確かな読みにしていく過程について学ぶものである。

　読むことの内容（何を学ぶのか，what）とその構成は，何のために学ぶのか（for）という目標やどのように学ぶのか（how）という学習方法との関係の中で定められるものであり，学習者の実態に即して変容するものでもあるが，ここでは，①内容と形式の理解，②内容と形式の解釈，③自分の読みの確立と共有の3つに整理して考えてみたい。

2．読むこと（文学的文章）の内容と構成

　①内容と形式の理解とは，何が（what）どのように（how）書かれているのかを捉えることである。叙述を基に，題名，人物（中心人物，対人物）の設定・相互関係・心情変化，情景描写などを，微視的に読んでいくこと，あらすじ，場面の構成や展開，作品全体と部分との関係などを巨視的に読んでいくこと，文章の種類（ジャンル）を踏まえて読んでいくことなどが含まれる。例えば『故郷』では，「私」からみた「閏土」を表す言葉として「小英

雄」と「デクノボー」がある。少年の「閏土」は「私」にとって憧れの存在
で，美しい故郷の象徴として描かれているが，再会した「閏土」は過去の姿
とかけ離れており，「私」は「感激で胸がいっぱい」になりながらも「どう
口をきいたものやら思案がつかぬまま」，言いたいことが「頭の中で駆けめ
ぐるだけで，口からは出なかった。」。言葉を失う「私」には幻滅や失望の気
持ちが去来していたと考えられ，それは「私」が「閏土」を「デクノボー」
と見なすところにも表れている。このように人物の言動についての叙述を基
にその心情や他の人物との関係を捉えることができる。

　詩の場合，表現技法とその効果や全体の構成，詩の種類を確認すること
で，何がどのように表現された詩なのかを捉えていくことができるだろう。

　また，歴史的事実を背景とした作品を「史実を踏まえたフィクション」で
あることに留意して読んだり，ファンタジー作品を〈現実―非現実―現実〉
という構造に着目して読むことでみえてくることもある。

　②内容と形式の解釈とは，①で明らかにしたことについて，なぜ（why）
そのように書かれているのかを考え，意味付けていくことである。なぜ登場
人物はそのような言動をとったのか，なぜ語り手はそのように語るのか（語
らないのか），なぜそのような表現の仕方や構成・展開にしたのかについて，
何らかの作者の意図があると仮定して考えていくことである（ここでいう
「作者」とは，この作品の書き手として読者がイメージする「像としての作
者」である）。例えば一人称の語りの場合，そこに書かれているのはあくま
で語り手の視点による見え方である。『少年の日の思い出』の「僕」は「エー
ミール」の非の打ちどころのなさを悪徳とし，『走れメロス』の疲れきった
「メロス」は「私は，これほどまでに努力したのだ。」と吐露するが，それは
あくまで「僕」や「メロス」の見方や考え方である。語り手は，なぜそのよ
うに見るのか，語るのかについて語らないが，読者は様々な可能性を考え，
意味付けていくことができる。読みの可能性は多様にあるが，どのように読
んでもよいわけではない。人物像や場面，語り，読者の既有知識や経験など
を統合し，妥当性を精査し，検討していくことが求められる。これは，主題
（作者が読者に最も伝えたいこと，テーマ）を考えることとも重なる。

　③自分の読みの確立と共有とは，②で得た解釈について吟味し，評価することで，自分の読みを深く鋭く豊かなものにしていくことである。教師との問答や学習者同士の交流，これまで読みの振り返り（過去の自分との対話）は，自分の読みをみつめ直し再構築する機会となる。人物の言動や作品全体について下した評価（批評）について互いに話すことで，それぞれの考えが他と比較・参照され，共通点や相違点が明らかとなり，相対化されることで，各々が自分の考えの良さや至らなさに気付くことにつながる。例えば，『故郷』の「私」が，「旦那様！……。」としか声のかけようのない「閏土」の葛藤，わんや皿を灰の山に隠しておいた（「私」にわんや皿が欲しいとは言えなかった）「閏土」の誇りや意地，「閏土」が見送りに「水生」を連れてこない理由などを推し量らないことについて，読者は他者への想像力を欠くと否定的に評価するかもしれない。しかし初読では，「私」に同化して共感的に読む者もいただろう。「閏土」を思いやれない，また思いやれないことに無自覚な「私」を対象化し糾弾することは可能だが，「私」をそうさせた何か（「魂をすり減らす生活」など）を想像し，それが一人称の語りでは語られていないことに着目し，「私」がそれについて語らない（語れない）理由を考えることも許されるだろう。また『故郷』の語りについて，語られていないことや語らない理由を読者に考えさせる効果があると評価することも可能である。批評を行うとき，語り手や作者，作品に対する高みの見物にならないよう，〈読者としての私〉（私はどう読んだのか）への着目を促し，表面的な言葉の操作に陥ることのないように留意したい。

　　読むこと（文学的文章）の内容は，自分が何をどのように読んでいるのかを理解する言葉や方法，態度を習得するものである。読解や解釈，鑑賞や批評を支える語彙（学習用語）や，読みを記録する，考えたことを話す，他者の読みを聞くといった言語活動について，その有効性に気付き習得することで，作品を自分なりに価値付け，その価値を他に表現する力を獲得するものである。それは他の作品や他のジャンルにも通用する読む力（技能）や読もうとする姿勢や態度（取り組み）を育むことを目指して構成されている。

（鈴木愛理）

Q3 読むこと（説明的文章）の内容構成は どのようなものか

1．はじめに

　読むことの内容構成とは，文章の読みを通じて学ぶべき内容を1単位とした各内容の組み立てられ方のことである。したがって，具体的にそれを示すためには，学習者が読む文章から学ぶべきものを抽出，一般化し，どのような順序で配置することが望ましい学習を成立させるかということを考えなければならない。短いスパンで考えれば，たった1つの文章であっても読むことの内容構成を考えることができる。長いスパンで考えれば，多くの文章に触れる中で立ち上がる複雑な学習内容を整理しつつ考える必要がある。いずれにしても，望ましい学習の成立への視点が明確でなければ，単なる学習内容の配置図となってしまうようなものでもある。以下，読むこと（説明的文章）の内容構成について，それがどのような望ましい学習の成立を期しているかという点を含めて考える。

2．学習指導要領にみる読むこと（説明的文章）の内容構成

　中学校学習指導要領（平成29年告示）では，読むこと（説明的文章）の内容構成は，3つの「学習過程」（①構造と内容の把握，②精査・解釈，③考えの形成，共有）と3つの学年段階（A第1学年，B第2学年，C第3学年）のマトリックスで表現されている。

　学習過程の中身について，①においては「全体」，「中心」，「部分」などの文章のまとまりやその分量を指すもの，「事実」，「意見」，「主張」，「例示」などの文章の意味のまとまりを論理関係に基づいてラベリングした各要素（便宜的に，ここでは論理構成素と呼ぶ）を指すもの，そして「論理の展開の仕方」という各論理構成素間の関係付けられかたを指すもので表現されている。②においては，「要約」，「複数の情報を整理」，「文書と図表などを結

び付け」，「根拠を明確に」，「比較」といった言語活動，「批判的に読み」，「評価する」という意思決定に関わるものなどが表現されている。③では，「確かにする」，「広げたり，深めたりする」，「意見をもつ」といった意思決定のプロセスに関するもの，また，「人間，社会，自然など」という読みの対象が表現されている。

　次に，その構成は，第1学年から第3学年にかけて，①では，個々の論理構成素を捉えることから，その関係を把握することが求められ，②においては言語活動の方法を身に付けることから意思決定へと至るよう示されている。そして，③では意思決定に至るまでに徐々に広範な視点を獲得していくよう示していると捉えられる。

　これらのことを総合すれば，学習指導要領において読むこと（説明的文章）の内容構成は，文章の論理構成素とそれらを扱う方法を，検討する文章の量や種類の増加に配慮しながら，読んだことをもとに意思決定を可能ならしめるよう配置されたものと捉えることができる。また，論理構成素についての記述が，他の記述に比べて多く，また抽象度も低く設定されていることから，これらの学習に比重が置かれていると捉えられる。論理に重点を置くということは，説明的文章を説得のコミュニケーションの一部として捉えるということでもある。学習指導要領における読むこと（説明的文章）の内容構成は，ひとまず，文章の書き手とのコミュニカティブな読みの実現を中心とするものであるといえよう。ただし，それはある意味で「人間，社会，自然などについての自分の意見を持つ」ことと相性が悪い。書き手の存在は後景化するからである。説明的文章を読むことにおける望ましい学習の成立はどのように捉えるべきか。次に，より具体を求めるために，1つの教科書教材を用いて考えてみる。

3．教科書教材からみる読むこと（説明的文章）の内容構成

　取り上げるのは「ガイアの知性」（教育出版）である。この教材では，映画監督である筆者によって動物たちに人間とは異なる「知性」があることを知らせる事例が示され，その「知性」を人間の「知性」と引き比べながら思

考を発展させるべきことが主張されている。事例があり，主張がある。ところが，この教材は事例によって語られる部分が分量的にも多く，詳しく書かれており，最も強い印象を読者にもたらすものである。オルカが人間を受け入れ喜ばせようとする事例，イルカが人間にイルカ語の発音を教えようとする事例，象が亡くなった肉親の歯を見つける事例，どれも不思議な事例ばかりである。この教材から学ぶべきことは，これらの事例そのものであるかのようである。

　このような教材において，事実や主張がどのようなものであるか，またその関係を指摘する作業に，読むことの学習の意味を見いだすことは難しい。そうしてたどり着くのは環境プラグマティズム的な思想であろうが，そうした思想を得ることが読むことの目的というわけではないだろう。ここではむしろ，事例に語らせるという，そこでの修辞的な言語の使用法に目を向ける必要があるかもしれない。オルカの例は次のように語られる。「例えば，体長七メートルもある巨大なオルカが，狭いプールでちっぽけな人間を背ビレにつかまらせたまま猛スピードで泳ぎ，プールの端にくると，合図もないのに自ら細心の注意をはらって人間が落ちないようにスピードを落とし，そのまま人間をプールサイドに立たせてやる。また，水中から，直立姿勢の人間を自分の鼻先に立たせたまま上昇し，その人間を空中に放り出す際には，その人間が決してプールサイドのコンクリートの上に投げ出されず，再び水中の安全な場所に落下するよう，スピード・高さ・方向などを三次元レベルで調整する。」視覚的であり，感情に訴えかけ，誇張があり，それでいて理性的な語りのような印象をもたせる文章である。この文章の前には，例えば「人間，さしあたっては調教師」という表現や「か弱い人間（調教師）」という表現のように，人間への視線をオルカ側へと移していくための工夫がいくつもある。そうした語りのありように目を向ければ，言語によって事例が語られるということそのものがまずは意識されてくるのではないだろうか。

　このようにして文章を読む中では，書き手とのコミュニカティブな読みの実現や「人間，社会，自然などについての自分の意見を持つ」ことよりも，言語そのものに対する意識が前景化する。それを，書き手の思想に還元して

いくこともできるが，まずはそうした経験を学ぶべきことの一つとして考える必要もあるだろう。望ましい学習の成立を，言語の意識化を含めて考える立場である。これは近現代詩において教えるべきことがらかもしれない。それならば，読むことの内容構成における構成面は，文学的文章との相互作用も含めて検討しなければいけない。いくつもの難問があるが，ここまで見てきたことをもとに読むこと（説明的文章）の内容構成を説明するならば，それは説明的文章の対象，書き手，言語の3つについて，またそれらの関わり合いについて，学ぶべき内容を適切に配置するものであるといえるのではないだろうか。

4．おわりに

　ここでは，文章の読みを通じて学ぶべき内容をひとつの教材からのみ示しただけなので，読むことの内容構成において一般化され反映されるものとしては不十分である。しかし，中学校から高等学校にかけて，評論文や批評文といった，筆者の書きぶり自体にオリジナリティが求められるような文章に学習者は出会う。そのことの意味を，学ぶべき内容として考える必要が全くないわけではないはずである。

参考文献
龍村仁（2015）「ガイアの知性」『伝え合う言葉中学国語2』教育出版，
　　　pp.160-167.
文部科学省（2019）『中学校学習指導要領（平成29年告示）』.

（砂川誠司）

Q4　書くことの内容構成はどのようなものか

1.「B　書くこと」領域の内容構成

　平成29年改訂学習指導要領（以下，学習指導要領）の，〔思考力，判断力，表現力等〕の「B書くこと」領域は，「(1) 指導事項」と「(2) 言語活動例」とで構成されている。「(1) 指導事項」は，「題材の設定」から「共有」までの学習過程に沿って，「(2) 言語活動例」は，「説明的な文章」，「実用的な文章」，「文学的な文章（第1，2学年のみ）」のそれぞれを書く活動で構成されている。「日常生活」から「社会生活」へ，また，「集めた材料を整理し」から「集めた材料の客観性や信頼性を確認し」へ，「自分の考えが伝わる」から「自分の考えが分かりやすく伝わる」となるなど，学年を追った段階性が見られる。

(1)「(1) 指導事項」の内容構成

　「(1) 指導事項」は，学習過程に沿って，「題材の設定，情報の収集，内容の検討」，「構成の検討」，「考えの形成，記述」，「推敲」，「共有」で構成されている。ただし，『中学校学習指導要領（平成29年告示）解説　国語編』（以下，『解説』）には，「ここに示す学習過程は指導の順序性を示すものではない」，「必ずしも順番に指導する必要はない」と述べられている。

　「題材の設定」では，第1学年は「日常生活の中から」，第2・3学年は「社会生活の中から」集めることとしている。「情報の収集，内容の検討」では，第1学年では「集めた材料を整理」，第2学年では「多様な方法で集めた材料を整理」，第3学年では「集めた材料の客観性や信頼性を確認し，伝えたいことを明確に」することが示されている。

　「構成の検討」では，第1学年は「段落の役割などを意識」すること，第2学年は「段落相互の関係などを明確に」することに重点が置かれ，第3学年の「論理の展開」につながっている。第3学年の「文章の種類を選択し，多様な読み手を説得できるように」には，第2学年からの発展が明確にみら

28

れる。

　「考えの形成，記述」（記述の仕方を工夫し，自分の考えが伝わる文章にすること）では，第1学年は「根拠を明確に」すること，第2学年は「根拠の適切さを考え」ること，「説明や具体例を加え」ること，「表現の効果を考えて描写」することが求められている。第3学年は，「表現の仕方」を考えたり，「資料を適切に引用したり」して「分かりやすく伝わる文章になるように工夫すること」が求められている。

　「推敲」（読み手の立場に立ち，自分が書いた文章について捉え直し，分かりやすい文章に整えること）では，第1学年は「表記や語句の用法」，「叙述の仕方」（文や段落の長さ，段落の順序，語順など）を確かめること，第2学年は「表現の効果」を読み手の立場から検討すること，第3学年は，「文章全体」を整えることが求められている。

　「共有」とは，「読み手からの助言などを踏まえて，自分が書いた文章のよい点や改善点を書き手自身が見いだすこと」とされている。第1学年では「根拠の明確さなど」が，第2学年では「表現の工夫とその効果など」が，第3学年では「論理の展開など」が，観点として取り上げられている。

（2）「(2) 言語活動例」の内容構成

　第1学年と第2学年は，ア（説明的な文章を書く活動），イ（実用的な文章を書く活動），ウ（文学的な文章を書く活動）の3つ，第3学年は，アとイの2つが示されている。

　ア（説明的な文章を書く活動）は，第1学年では「事実やそれを基に考えたことを書く活動」が，第2学年，第3学年では「自分の考えを書く活動」が示され，第1学年では「引用して説明したり記録したりする」ことが，第2学年では「多様な考えができる事柄について意見を述べる」ことが，第3学年では「関心のある事柄について批評する」ことが示されている。

　イ（実用的な文章を書く活動）では，第1学年では「伝えるべきことを整理して書く活動」が，第2学年では「伝えたいことを相手や媒体を考慮して書く活動」が，第3学年では「情報を編集して文章にまとめる」ことが示されている。第1学年では「行事の案内や報告の文章」が，第2学年では「社

会生活に必要な手紙や電子メール」が例示されている。

ウ（文学的な文章を書く活動）では，第1学年で「詩」，「随筆」が，第2学年で「短歌や俳句，物語」の創作が例示されている。

2．他領域との関連

「(1) 指導事項」のア〜オは，相互に密接な関連をもっている。また，「A話すこと・聞くこと」の指導事項の観点と共通している点も多く，「構成」や「論理の展開」などは「情報の扱い方に関する事項」に通じ，論理的思考力・表現力の育成につながっている。「言葉の特徴や使い方に関する事項」が基礎となることはいうまでもない。とくに，語彙は，学習者のものの見方の拡充の点からも重要である。「読むこと」領域や書写との関連についても，言語活動例の『解説』で述べられている。「書くこと」は，書き手の認識や思考に深く関わる行為であるだけに，多面的な関連を意識しながら，その内容構成について考える必要がある。

学習指導要領の「(1) 指導事項」は，学習過程を内容構成の基準としているが，別の観点も考えられる。例えば文章の種類・表現形態もその一つである。言語活動例に示された文種以外にも，様々な分類がある。表現形態は，表現対象と密接に関わっていることはいうまでもない。

また，「何を」書くかという，対象を観点とした内容構成も考えられよう。自分の経験や考えを書くことで，自己省察を深めていくような点からの内容構成も，意識しておきたい。

参考文献

倉澤栄吉・野地潤家（2006）『朝倉国語教育講座4　書くことの教育』朝倉書店．

大村はま（1978）『やさしい文章教室』共文社．

（河野智文）

第3章

国語科の指導法

Q1　話すこと・聞くことの指導法の歴史を述べなさい

1．1947年学習指導要領以前

　現在の義務教育としての中学校は，1947年度に発足し，学年進行によって1949年度に全学年がそろった。それまでは，国民学校初等科に続く学校として，中学校，高等女学校，各種実業学校を含む中等学校と，国民学校高等科及び青年学校とが設けられた複雑な制度で，小学校とは違って概括して捉えることはむずかしい。そこで，1947年に試案として作られた『学習指導要領国語科編』にある「第四章　中学校国語科学習指導」の記述を参考にする。

　従来，中等学校の国語科は，
　（一）国語（とくに講読とも呼ばれた）／（二）作文・文法／（三）習字
　の三つの分科にわかれていた。そのほかに，「弁論」の指導につれて，あいさつのしかたやことばづかいの指導がなされていたこともある。口頭表現としての話しかたや聞きかたも事実としては存在していた。

　ここに記された「弁論」の指導については，野地潤家（1980）の「旧制中学校の話し言葉の教育 ── 弁論活動を中心に」に詳しく紹介されている。校友会・生徒会活動の一環として営まれながら，「明治・大正・昭和と，各時期にわたって，弁論・討論・講演（聞くことを中心に）を行ない，時に消長・盛衰の波はあったが課外活動としては，独自の位置を占め，役割をになっていた。」と記されている。弁論と並んで示されている討論については，現在でも，ディベートという活動として国語科に限らず導入されている。和井田清司（2001）によれば，ディベートには3つの波（隆盛），すなわち明治前期の福澤諭吉に負うところの波，第二次敗戦直後の朝日式討論と呼ばれた第2の波，そして，現在につながる第3の波があったと言う。ブームを起こしながらも衰退を繰り返す理由として挙げているのが，ディベートにある2つの

側面，すなわち，公開討論と競技討論の混同である。現在のディベート実践の抱える問題でもある。公開討論としての社会的必要性のゆえに教育内容としつつも，授業として行われるのは，ゲームとしてのディベートで終わってしまうという問題である。

2. 1947年学習指導要領以降

『学習指導要領　国語科編』（1947年），「第四章　中学校国語科学習指導」には，新しい中学校の国語教育として，学習指導の範囲に「話すこと」が「つづること・読むこと・書くこと・文法」に並んで明示された。「目標」として提示されていたのは，次の8項目である。

（一）標準語で話す。

（二）適切なことばをつかい，いいまわしを考えて，他人によくわかるように，おちついて話す。

（三）自分だけでなく，相手にも興味のある話題を選ぶ。

（四）おおぜいの前でも，思ったことがよく話せるようになる。

（五）話しあいのじょうずな運びかた。

（六）組織的な話しあいの方法。

（七）人の話を聞いて，わからないときにはたずねる。その時の態度やことばづかいを考える。

（八）他人の問に対しては，ていねいにはっきりと答える。

　小学校同様，この時点ではまだ標準語の習得が1つの要素になっていた。活動の種類は，対話（問答，会話，話しあいを含む），独話，朗読，演劇の4つの他，「あいさつとか，電話をかけるとか，人を紹介するとか」の日常的なことも想定しての目標である。重点の軽重はあるものの，標準語を除いて，ほぼ現在の「話すこと・聞くこと」に重なると言ってもよいだろう。

　指導に関しては，「方法に対する一般的注意」に，「この期の生徒にとっては，もっと自由な，みずから討究するようなふんいきがたいせつである。言いたいことを発表して後，話に間違いあればこれを訂正する。教師はむしろ指示を与えるだけでよい。」とし，指導の機会は，国語の時間以外も含めて

見つけるように記されている。経験を捉え，あるいは組織し振り返りによって意欲的に学ばせることが強調されている。前述した討論会の第2の波の時期にも相当している。

　その後も，活動の種類としては，対話，独話を中心に，四つ（対話，独話，朗読，演劇）に集約される取り組みが力点を変えながら行われてきている。1990年代には，前述のディベートの第3の波が起こったり，「群読」によって，表現のための理解が注目されたりした。2000年代には，諳誦の再評価や斎藤孝の『声に出して読みたい本』（2001）の影響があり，音読，朗読，諳誦が注目され，2010年には，コミュニケーション教育推進会議で演劇ワークショップが取り上げられもした。

　対話，独話の指導に関しては，話す内容にかかる論理的思考を如何に深めるかという側面と，話をしている相手の言い分をどう受け止めていくかという対人関係的側面の両方に対する配慮が必要になる。それを可能にしていくためには，経験の量を増やしていくか，振り返りなどを有効に活用して経験の対象化を行い，そこから導き出される解決策をメタ認知していくか，あるいはその両方の取り組みを行う必要がある。教育活動の様々な場面に，指導の機会はあるので，話すこと・聞くことの学習の時間の対象化から導かれる学びを組織し多様な経験を学びの蓄積に導きたい。

参考文献

文部省（1947）「第四章　中学校国語科学習指導」『学習指導要領　国語科編』中等学校教科書株式会社，p.96, pp.104-105.

野地潤家（1980）「第二五章　旧制中学校の話し言葉の教育 ── 弁論活動を中心に」『話し言葉教育史研究』渓水社，p.1018.

和井田清司（2001）「戦後日本における「朝日式討論」の盛衰 ── 冠地俊生討論関係史料にもとづく一考察」『社会科研究』第54号.

全国大学国語教育学会編（2002,2013）『国語科教育学研究の成果と展望』明治図書出版，『同上Ⅱ』学芸図書.

（田中智生）

Q2　話すことの指導法にはどのようなものがあるか

　話すこと・聞くこと（以下，当該領域とする）の指導は，（1）指導の基盤
である聞き合う風土を作るための年間を通した継続的な指導，（2）教科書に
ある特設単元・学習活動を用いた指導，（3）必要感のある適切な機会を捉え
て差し込むスキルの指導に分けて重層的に扱うことが肝要である。
　では，この3つの柱でどのような内容を指導していけばよいのだろうか。
当該領域の学力は，情意面・認知面・技能面によって構成されると考えられ
る。情意面とは，人の話を共感的に聞いたり，人にわかるように話そうとし
たり，協働的に話し合ったりする態度・資質を指す。認知面とは，自分の話
し方聞き方に関して自覚的であり，目に見えない話し合いの流れを意識した
り，人の話と自分の考えを比べたりするという自己認知・対象認知の側面で
ある。技能面とは，聞き方話し方話し合い方に関する知識や技能を指す。例
えば「ブレーンストーミングの方法」，「相手の意図を推測しながら聞く」，
「論点を整理しながら話し合う」などである。
　当該領域は，人の話を聞いたり自分の思いを伝えるという，いわば人と人
との関係を作るコミュニケーション能力であり，生徒の対人関係形成力を育
てることに他ならない。したがって，生徒同士の聞き合う関係を学級に作り
あげていく長期的継続的指導がまず必要である。その上で教科書に用意され
た特設単元と学習活動，他教科との関連を図りながら必要に応じて挟み込ま
れるスキル（技能）学習によって指導していくことが望ましい。
　以下，この3つの視点からどのような指導をほどこせばよいか説明しよう。

（1）聞き合う風土を作るための継続的な指導

　当該領域の指導は，親和感のある，信頼によって結び付いた学びの風土を
築いていくことから始まる。自分が話したことを受容的態度で聞いてくれ
て，それにつないで意見を返してくる相手がいてこそ聞き合い話し合う学習
が始まるのである。教室の中に，聞く・話す・話し合う際のグラウンドルール

を積み上げていこう。それは例えばこのようなものである。

聞き方の約束
  1 頷いたり相づちを打ったり首を傾げたり，相手に反応を返しながら聞こう。
  2 話し手の思いや発言の背景を共感的に推し量りながら聞こう。
話し方の約束
  1 話題に沿って他の人の話と関係付けながら話そう。
  2 よりよい考えを追究するために建設的批判の構えで発言しよう。
話し合い方の約束
  1 単純な賛成反対ではなく「小さな違い」を大切にして話し合い，高め合
    おう。
  2 ひとり最低１発言を心がけ，わからなければ「自分はよくわからない
    が」といった意見でも出し合おう。また，周りもその意見を尊重しよう。

　このような事項が常に意識できるようボードやチェック表を用意してみ
る。この他にも生徒の中からよい姿が現れればどんどん追加してもよい。教
師が率先してこれらの聞き方話し方を示範することも不可欠である。教室の
聞く話すコミュニケーション文化を絶えず継続的に耕し高めていくことから
指導は始まる。

（2）教科書に用意された特設単元や学習活動による指導

　中学校国語教科書には，話すこと聞くことを指導する単元や学習活動には
どのようなものがあるのだろうか。これを，① 聞くことの指導，② 話すこ
との指導，③ 対話の指導，④ 話し合うことの指導に分けて示しておく。（光
村図書『中学校国語』令和３年版より）

1年　・聞く：情報を的確に聞き取る（放送委員の連絡を聞き必要な情報をメ
　　モする）。話す：話の構成を工夫しながらスピーチをする。（自分の好きなこ
　　と）。対話・質問：質問で話を引き出す（夏休みの一番の思い出について対話
　　する）。話合い：話題や展開を捉えて話し合う（目的を明確にしてグループ
　　ディスカッションをし，結果をクラス全体に伝える）。スキル学習：話合い
　　の展開を捉える（「登山研修の思い出」を展示する内容を何にするか）
2年　・聞く：問いを立てながら聞く（友達の提案をメモをとりながら聞く）。

話す：資料を提示しながら提案する（プレゼンテーション）。対話・質問：質問で思いや考えを引き出す（今夢中になっていることについて話し手聞き手聴衆の役割を交代しながらインタビューをする）。話合い：地域や社会で話題になっていることの中から討論したいテーマを選び，グループで討論する。スキル学習：一つの情報が賛成反対どちらの根拠となり得ることを理解する。

3年　・聞く：評価しながら聞く。話す：説得力のある構成でスピーチをする（多くの人に伝えたいこと）。対話・質問：質問で相手の思いに迫る（話し手聞き手聴衆になって対談し，聞き手は聴衆の様子を見て具体化価値付け言い換えなどをして話を引き出す）。話合い：合意形成課題解決のために会議を開く（地域や学校生活将来のことなどの中から関心のある事柄を選び課題を探しグループでブレーンストーミングをして提案のアイデアを絞り込む）。スキル学習：話合いを効果的に進めるポイント（卒業文集のテーマを決める）を理解する。

（3）必要感のある機会を捉え，必要なスキルを教える

　スキルは，具体的な目的や相手のある場を設け，必要感のある機会を捉えて指導してこそ効果が期待できる。

　この領域の指導は，とかく活動形態である，「スピーチ」，「ディベート」，「インタビュー」等に目が向けられがちである。しかしそのような活動を支える土壌である，相手の話を受容的に聞こうとする態度や，自分の考えを話そうとする積極性，協力的に話し合うことに意味を見いだしている価値観の形成がなくては指導効果は期待できない。これら情意面の形成はスキルの獲得によってもたらされることもある。スキルの指導が成長の自覚をもたらし，情意面も高まっていくという相乗効果によって当該領域の力は育っていくのである。

　教室に飛び交う生徒の話し言葉こそが指導の対象であり，教師の示範するふるまいがお手本（教材）となる。教師が指導すべき内容の網の目を念頭に置き，長期的スパンで絶えず指導を積み上げることが指導の要諦である。

（山元悦子）

Q3　聞くことの指導法にはどのようなものがあるか

1．聞くことについて自身を振り返る

　中学生は，これまでの生活や学習体験から聞き方を学習している。それは好ましい場合もあるであろうし，修正が必要な場合もある。何れにしてもこれから必要になることは，「自己発達」（溝上，2008）してきた自己を見直し，「自己形成」（溝上，2008）のステージに移ることである。

　「自己発達」は，いわば他者の指導や周囲の環境に対して無自覚にしたがっていた状況である。それに対し，自覚的に自分がどのように「聞く」ことと対面し，自分自身の特性を踏まえたうえで，自身が今後どのような「聞き手」となりたいのか，あるいは，どうなる必要があるのかを考える「自己形成」のステップに向かわせたい。そうした「自己発達」から「自己形成」へ向かうために国語科の学習が位置付けば，と考える。

　もちろん，すぐにその段階の移行に入るのではなく，まずは，聞き方，聞くことの価値について無自覚に他者の指導にしたがっていた「自己発達」の段階での「聞く」ことを眺めて整理することから始める。それはジャッジすることでも反省することでもなく，自分を眺めるということであり，自覚的になるということである。

　その後に，聞くことの意義，聴くこと・訊くことの相違などを含めて，目的に応じた聞き方，聞くことに関する知識や方法を学習し，自分はこれからどのように自分の「聞く」ことを伸ばしていこうか，どのような「聞き手」となろうかということを考えさせたい。その際には，ぜひとも指導者自身も自身を振り返り，自身の聞き方を整理する姿を見せ，自己を振り返って気付いたことを相互に共有して「共同エージェンシー」の構築を図りたい。

2．指導する内容と指導方法について

（1）アタマの中の働きに関するものの指導

　聞くことは，実は非常に能動的なことであり，アタマの中で行う複層的な情報処理である。例えば，既知や自己の考えや他者のこれまでの状況，その場の様子や目的等，複数の情報を関係付けながら聞いている。この認知的側面に対する指導こそが，聞くことの指導の中心に置かれるべきである。そのことを行うために，メタ言語への着目や，構成についてのマクロ構造等の知識，分類整理や意識的に情報相互の関係を捉えることへの習熟が必要になる。確かに，受容的な態度や誠実であることは必要である。指導の際には，体験を通し，中学生の発達段階や心情を踏まえながら行うことが大切である。

　聞く際にアタマの中で行う情報処理の中でも特に留意したいことは，複数の情報を把持して関係付けながら思考し，適切な判断をすることである。指示を聞いてその通りにすることや，正解を求めて単一情報の取り出しを行うことには慣れているが，複層的な情報処理については，小学生から中学生まで困難なことが確かめられている（若木，2009）。困難という事態は，子どもが起こしたものではなく，実は複数の情報を把持して関係付けながら思考するという学習がなされてない，つまりは指導されていないということになるだろう。

　今後は異なる他者との関わりの中で自身をコントロールしながら交流し，創造するためには，自身が選択するという主体性（agency）が求められる。指示を聞いてその通りにするというような生き方や考え方では，とても対応できない。複雑な状況に対し，どのように聞く（考える）のかということについての学習は，今後重視されるべきであろう。

　指導の方法としては，可視化が重要であることから聞いている時のアタマの中を教材化して示しながら学習することである。その際には，聞いたときのメモも自身の関心によっては，「見えていても見えていない」状態になることを体験させることも効果がある。書いているのに「見えていない」状況にあることを発見した時の衝撃を体験させると，メモすること，あるいはメモしたことに対しても慎重になる。

（2）対話的に聞くことについての指導

　前項でも触れたが，異なる他者との関わりの中で自身をコントロールしな

がら交流し創造する際には，ただ「拝聴する」のではなく，聞いた内容を発展させるために尋ねること必要になる。しかしながら尋ねることは，ともすれば追及的に感じられてしまう。

　これは以前，ある実習先で学生が出会ったことであるが，4歳児に「どうしてそうしたの？」と尋ねた際，彼は手にした食事用のナフキンを床に叩きつけたという。学生は単に理由が知りたくて尋ねたのだが，その児童は叱られたと認識したらしく，他者のために行ったことを否定されたと感じたらしい。4歳にしてすでに，「なぜ？」，「どうして？」という言葉は自身を追及するものだと認識してしまっているのである。これは誤った認識であるが，それを責めることはできない。こういう状況は彼だけに留まらないということを念頭に置き，どのように尋ねるのかという尋ね方の学習を行う。例えば，「なるほど，Aさんの〇〇というのはよくわかる。だけど，さっきの発言にあった△△だけど，そこが少しよくわからないから，もう少しくわしく言ってもらえないかな？」等のように，最初に相手の発言を受容し，その後で部分的，焦点化して，さらに相手の考えを引き出すように，あるいは，知りたいから，自分の考えとズレていたらいけないから確かめるのだけれどというニュアンスをもちながら尋ねるということである。こうした指導に対しては，大村はまが示したように，実際の子どもの発言として示すとよい。

参考文献

溝上慎一（2008）『自己形成の心理学 ── 他者の森をかけ抜けて自己になる』世界思想社.

若木常佳（2009）「小・中学生における聞き取り能力の実際と指導上の課題 ── 『並列的複数情報の関係づけを支える心的作業』について」『国語科教育』第65集，pp.3-10.

若木常佳（2016）『大村はまの「学習の手びき」についての研究 ── 授業における個性化と個別化の実現』風間書房.

（若木常佳）

Q4　書くことの指導法の歴史を述べなさい

1. 随意選題と「赤い鳥」── 明治・大正期 ──

　日本の作文教育を大きく変えたのは，明治末期から大正にかけての芦田恵之助を中心とする随意選題による指導である。芦田は児童中心主義を唱えた樋口勘次郎を継承し随意選題論に発展させた。大正2年に『綴り方教授』を著し，作文の指導は児童の興味に中心を据えたものへと変わっていく。

　一方，教師が適切な課題を与える方がよいという考えに基づく課題作文の指導も盛んであり，作文教育界は随意選題か課題作文かの2つの流れに2分される状況にあった。しかし，随意選題の立場を代表する芦田恵之助と，課題作文の立場を代表する友納友次郎による小倉立会講演（大正10年）以後，随意選題による指導が現場に迎えられていく。

　また，大正7年に創刊した「赤い鳥」における鈴木三重吉の指導は，児童が自分の思いをありのままに表現することを基本とした点で画期的なものであった。三重吉は綴り方を通して人間形成を目指そうともしており，この考え方は生活綴り方運動へと引き継がれていく。

2. 生活綴り方運動の隆盛と衰退 ── 昭和前期から戦前 ──

　昭和4年頃から昭和14，5年頃までの約10年間は，生活綴り方による指導が大きな成果を上げた時期であった。生活綴り方運動は，鈴木三重吉の人間形成を目指す考え方と，芦田恵之助の随意選題に見られる児童を主体におく考え方を源流とし，綴り方を通して生活を指導することにその特徴がある。

　昭和4年に『綴り方生活』を創刊した小砂丘忠義を中心に，生活綴り方運動は全国的な広がりを見せていく。生活綴り方運動は綴り方の理論と実践において，日本の作文教育史上に大きな実績を残した。だが，戦時下においては弾圧の対象となり衰退を余儀なくされざるを得なかった。

3．戦後の生活綴り方の復興

　昭和22年版学習指導要領国語科編（試案）及び，その改訂版である昭和
26年版試案は，アメリカから持ち込まれた経験主義に基づくものであり，
書くことの学習においては，社会で実際に必要とされる実用的な文章を書く
能力の育成が求められた。戦前の生活綴り方の指導とは，明らかに異なる方
向性が打ち出されたことになる。学習指導の方法も単元学習的な指導が求め
られ，作文を書くための時間として特設されていた「綴り方」の時間はなく
なり，「話す」，「聞く」，「読む」活動が複合的に行われる単元というまとま
りの中で，作文を書く機会を設ける形へと変わっていく。大村はまは，この
変化に対応し単元学習の指導に大きな成果を残したが，多くの教師たちは十
分に対応できず，這い回る経験主義などと批判を浴びる結果となった。

　こうした中，「作文の会」，「日本作文の会」を中心に新しい作文教育か生
活綴り方かの論争が繰り広げられるが，単元学習的な指導はなかなか定着せ
ず，戦前の生活綴り方的な指導が再び現場に迎えられていくことになる。

4．昭和33・43年版学習指導要領

　「日本作文の会」を中心とした生活綴り方的な指導が盛んに行われる中で
改訂された昭和33年版学習指導要領は，基本的には昭和26年版試案に示さ
れた単元学習的な指導を継承するものであった。しかし，中学校学習指導要
領には作文の指導に関して「各学年とも，年間最低授業時数の1/10以上を
これに充てるようにする」という文言が示される。これは，作文の指導のた
めに特定の時間を充当することを示したもので，単元学習的な指導から教科
主義的な指導への変化の兆しの一つと捉えることができるだろう。

　このような変化に関わるできごととして，アメリカの作文指導をもとに書
く技能の習得を重視した，森岡健二を中心とするコンポジション理論に基づ
く指導の提唱を挙げることができる。

　こうして単元学習的な指導が定着しないまま，昭和43年版学習指導要領
では，作文の指導について「特にそれだけを取り上げて指導する方がよいと

考える場合には，そのような計画を立て，指導してもさしつかえないこと。」という文言が示され，作文を取り立てて指導してもよいことが明示される。戦後から続いた単元学習的な指導の方針に修正が加えられたのであった。

5．平成20年版学習指導要領 ── 言語活動を通した指導 ──

PISA調査の不振は日本の国語科教育を大きく揺るがし，平成20年版学習指導要領では，全ての教科で言語活動を通した指導が求められた。これは，教科主義的な指導の枠組みの中に，単元学習的な指導を取り入れようとする試みであり，再び単元学習的な指導が脚光を浴びることになったと言えるだろう。この方針は，平成29年版学習指導要領にも引き継がれている。

平成20年版学習指導要領の実施から10余年を経て，目的や意図を明確して書かせる，いわゆる単元学習的な指導が現場に定着した成果と言える。

6．論理的思考力の育成

平成29年版学習指導要領では「情報の扱い方に関する事項」が新設され，論理的思考力の育成にも重点が置かれている。中学校・高等学校の「書くこと」では，トゥールミンモデルを取り入れた指導も試みられ，論理的思考力の育成に関心が寄せられるようになる。学習指導要領の「書くこと」の指導事項も，これまで1年生に示されていた「根拠を明確にすること」に加え，2年生に「根拠の適切さ」について考えることが明記され，3年生の言語活動例には批評や情報の編集などの活動も示されることとなった。

参考文献

井上敏夫・倉沢栄吉・滑川道夫・藤原宏（1971）『作文指導事典』第一法規.

大内善一（1993）『戦後作文・生活綴り方教育論争』明治図書出版.

冨山哲也（2017）『平成29年版中学校新学習指導要領の展開　国語編』明治図書出版.

（山下　直）

Q5 論理的文章の指導法にはどのような ものがあるか

1. 意見・主張の形成を中心とした指導

　中等国語科教育においては，学習者が問題意識をもちながら，多様な観点から物事や事象をとらえ，自らの立場と表現者としての自覚を明確にして書くことができるような指導を行うことが求められる。ここでは，意見や主張の形成を中心とした基本的な指導方法について述べる。

（1）問題意識をもつ

　中学校，高等学校では，学習者は世の中の事象について一定の知識や情報を有しており，それを基盤として書くための問題意識をもつことが指導の第一歩となる。そのために，教科書教材だけではなく，新聞やテレビ，ウェブサイトの情報からテーマや問題を見つける，また小説やドラマ，映画などから社会的な問題を見つける方法がある。さらには環境や防災などのテーマについて身近な地域の問題を取り上げていくこともある。問題の焦点化については，授業者が問題を特定して示すか，あるいは学習者が自ら問題を見つけ出していくかに分けられる。討論やディスカッションを取り入れる場合もある。

（2）立場の明確化

　問題意識から実際に書くことへつなげるために重要となるのが，目的や場面，相手などを具体的に想定し，書き手の立場を明確にしていくことである。このことは，問いを立てて根拠を示し，主張を述べるといった論理的な思考や，それに基づく文章の構成ならびに論理の展開の意識化へとつながる。

　書くことを意識して主張を形作るためには，問題解決に向けた課題は何か，それを問いにするとどのようになるか，課題解決の方法にはどのようなものがあるか，解決方法の有効性や成果はどのようなものか，その根拠となるものは何か，などが問われる。こうした問いには，書き手がどのような立

場や役割をとるのか，どのような集団や相手に対して主張するのかが関わってくる。論理展開に関わる要点と，書くことの立場や役割，考えを述べる相手などに基づいて指導を行う必要がある。

（3）発表・交流

意見・主張の形成を中心とした指導では，問題意識をもち，目的や相手，場面等に沿って根拠や主張を具体化し，論理展開に組み立てるという一連の過程を通して書くことが学習される。そのために，学習者が自身の学習の過程を意識化できるような機会として，書かれた意見文や小論文に基づいたスピーチや，パネルやスライドなどを用いたプレゼンテーションなどを取り入れる。

2．読むことを通した指導

文章の論理展開をさまざまな形で理解することを通して，論理的に書くことを学ぶという指導方法である。

（1）作成過程の追体験

文章が作成される過程を追体験しながら書くことを学んでいく方法である。この場合，取り上げる文章は，学習する書くことのモデルとなるような論説などが基本となる。

文章が書かれた動機や目的などを考え，次に文章論理展開に至る過程を想定し，そのうえで，読んだ文章について学習者が自分の考えへと発展させながら書くことを行っていく。問いや根拠，主張，事例や引用されたデータといった構成要素の展開を形式的な型として理解するだけではなく，論理展開が生み出される作成のはたらきとして理解することが重要となる。

（2）要約

文章を要約しながら書くことの学習につなげていく方法である。この場合の要約は，文章の理解のためだけではなく，表現活動として学習過程に位置付けられる。文章の書き手の立場から要約する，書き手の立場に基づく要約に自身の感想や考えを付け加える，元の文章の論理展開をふまえて文章や要約文を引用しながら自分の主張を書く，といった方法がある。

３．他の活動との関連

考え・主張の形成と論理的な文章展開を一体的に取り扱う方法である。

（１）聞き書き

一定のテーマに基づいて，話し手や語り手への質問やインタビューを通して書くことを学んでいく。社会的問題に取り組む当事者などへの聞き取りを通して問題意識を共有しながら論理展開に沿って書くことを行う。

（２）書き換え

既存の文章や作品について，社会的な立場や役割を変えて書くことにより，テクストを再構成するはたらきを通して書くことを学ぶ。論説はもとより小説，マンガなど幅広いジャンルの文章を用いる場合があり，指導ではそれらが扱うテーマや問題意識を検討し理解することが重要となる。

（３）カンファレンス

授業者と学習者，学習者と学習者の交流活動を通して，学習者が自身の書くことを内省し再構成することを通して書いていくという方法である。取材，構想，記述などの各段階に合わせたカンファレンスがある。

参考文献

五十井美智子（2016）「論理的な文章（意見文）を書く－中学校－」浜本
　　純逸監修・田中宏幸編『中学校・高等学校「書くこと」の学習指
　　導』溪水社，pp.141-160.

井上雅彦（2016）「論理的な文章（意見文・小論文）を書く－高等学校－」
　　浜本純逸監修・田中宏幸編『中学校・高等学校「書くこと」の学習
　　指導』溪水社，pp.161-182.

木村正幹（2008）『作文カンファレンスによる表現指導』溪水社.

大西道雄（1990）『意見文指導の研究』溪水社.

（小林一貴）

Q6　物語創作の指導法にはどのようなものがあるか

1．指導要領の言語活動例での「創作」的な活動

　まず，「物語」に限定せず，「創作」に関わる文言を学習指導要領の「書くこと」の言語活動例から摘記する（以下，「学習指導要領」の語は省略）。中学校平成20年版では，2年生で「ア　表現の仕方を工夫して，詩歌をつくったり物語などを書いたりすること。」，同平成29年版では，1年生で「ウ　詩を創作したり随筆を書いたりするなど，感じたことや考えたことを書く活動。」，2年生で「ウ　短歌や俳句，物語を創作するなど，感じたことや想像したことを書く活動。」が挙げられている。「物語」に関してはどちらも2年生で例示されている。一方高等学校平成21年版では，「国語総合」で「ア　情景や心情の描写を取り入れて，詩歌をつくったり随筆などを書いたりすること。」，「国語表現」で「イ　詩歌をつくったり小説などを書いたり，鑑賞したことをまとめたりすること。」，同平成30年版では，「言語文化」で「ア　本歌取りや折句などを用いて，感じたことや発見したことを短歌や俳句で表したり，伝統行事や風物詩などの文化に関する題材を選んで，随筆などを書いたりする活動。」，「文学国語」で「ア　自由に発想したり評論を参考にしたりして，小説や詩歌などを創作し，批評し合う活動。」，「ウ　古典を題材として小説を書くなど，翻案作品を創作する活動。」，「エ　グループで同じ題材を書き継いで一つの作品をつくるなど，共同で作品制作に取り組む活動。」が例示されている。特に「文学国語」での創作に向けた項目の多さが目立つ。

　これらはもちろん「例」であるため，必ずやらなければならないわけではないが，掲げられている以上，重視されているということである。また，物語や小説が単独で挙げられているわけではなく，加えて，単に創作させるのみならず他の教材や他の分野との関連が意識されており，授業で扱われる教材をいかに活用していくかに重点が置かれていると言えよう。なお，高等学校平成30年版では，「国語表現」は「現代の国語」「論理国語」の系列に位

置付けられる科目となり，平成21年版とは異なり創作が指向されていない。

２．物語の創作指導の方向性

　これらを通覧し，また多くの実践報告を見ていくと，純粋に「物語（小説）を創作させる」だけの授業はあまり想定されておらず，例えば授業で扱った詩を基にして物語化するとか，「羅生門」などの小説の続きを作るとか，古典作品の現代版を創る翻案活動などが多い。過去の実践の中には，段落の数とそれぞれの書き出しの表現を決めておいて学習者の負担軽減と時間の短縮を図る工夫が行われているものや，イラストカードやピラミッド・ワークを活用して物語を紡ぎ出すものまで，創意工夫にあふれた実践が紹介されている（参考文献参照）。

　しかし，「書くことの指導」の全体としては，「創作」の実践は決して多くはない。それは，①「読むことの指導」に最も多くの時間がかけられている，②「書くことの指導」では大半が論理的な文章を書く方に力が入れられていて創作に費やす時間が少ない，③創作された作品の「評価」に教員が困る，という３つの大きな原因がある。さらに言うならば，教員の多くは自身に創作の経験が少ない。それゆえ，指導がしづらいというのが実状であろう。

　その中での「物語の創作指導の方向性」はどのようにとらえるべきか。それも，基本的には学習指導要領の中に根拠を求めるのが妥当であろう。各期の学習指導要領は，ともに言語活動例の前に「内容」の説明が書かれているが，ほとんど文章の構成や文体，描写，語句などについての知的な学習が指向されており，それを具体化するための言語活動例が，物語などを書くことなのである。ただし，高等学校平成30年版「文学国語」は趣がやや異なり，文学の創作に踏み込んだ内容になっている。「ア　文学的な文章を書くために，選んだ題材に応じて情報を収集，整理して，表現したいことを明確にすること。」，「イ　読み手の関心が得られるよう，文章の構成や展開を工夫すること。」，「ウ　文体の特徴や修辞の働きなどを考慮して，読み手を引き付ける独創的な文章になるよう工夫すること。」，「エ　文章の構成や展開，表現の仕方などについて，伝えたいことや感じてもらいたいことが伝わるように書かれ

ているかなどを吟味して，文章全体を整えたり，<u>読み手からの助言などを踏まえて</u>，自分の文章の特長や課題を捉え直したりすること」（下線は引用者）。

　中学校の国語から「言語文化」を経て「文学国語」への流れを考えると，行きつく先はここにあるであろう。すなわち，「文学的文章を書く際の，対読者意識の涵養」である。読み手に伝わらなければ，読み手を引き付けなければ，創作作品としての出来栄えはよろしくない。そのため，中学から「言語文化」までは基本的な知識や技術の習得を重視し，「文学国語」に至って，明確に「対読者意識」を培う。教員はこうした段階的な指導が指向されていることを意識して指導していけば，特別な創作体験などはもち合わせていなくても，十分に指導していけるはずである。

3．実際の指導にあたって

　もちろん国語科の授業における物語の創作指導の目的は，作家の養成にあるわけではない。優れた文章の条件を考え，読むことと書くことを往還しつつ，級友との読み合いなどを通して，国語科全体の目標にある「思考力や想像力」を伸ばし，「言語感覚」を磨き，「言語文化」の担い手としての意識をもつようにしていくことである。例えば，ある場所に伏線が置かれている作品を読んで，その仕掛けの見事さがわかれば，今度は自分で（あるいは自分たちで）創作してみることによって，その難しさもわかるであろうし，その見事さも体感できるであろう。「完成度」は高いに越したことはないが，創作の経験が少ない教員には，その「完成度」を1人で判断することは難しい。むしろ，生徒（たち）の努力の軌跡を，その時々の自己評価表なども含めてポートフォリオなどに蓄積しておき，成長の記録として評価していくことが現実的であろう。教師が一方的に指導し評価する形ではなく，むしろ積極的に生徒相互の学び合い・書き合いを促す指導が行われることが望ましい。

参考文献
浜本純逸監修・武藤清吾編（2018）『中学校・高等学校　文学創作の学習指
　　　　導　実践史をふまえて』渓水社.

（浅田孝紀）

Q7 文学的文章の指導法にはどのようなものがあるか

　読むことの教育では「自立した読者」の育成が目指される。その中でも文学的文章の学習指導は，文学体験を通して社会との関係や自分自身について追究する「自己内対話」の契機となる点においてその価値が認められる。

　我が国では，その指導のあり方が理論と実践の往還の中で追究され，蓄積されてきた。ここでは文学的文章の指導法の源流をたどりながら，その成果とこれから求められる指導について述べることとする。

1. フォルマリズムの系統

（1）テクスト自立論に基づくもの

　戦後の文学的文章の指導法に大きな影響を与えたものとして「三読法」があげられる。これは解釈学を理論基盤とするものであり，垣内松三・西尾実・石山脩平・輿水実といった理論家によって実践的な指導法として具体化された。文章全体の把握から，部分的な精読を経て全体の解釈を行うという過程が特徴であり，特に垣内は『国語の力』において，読むという行為を「形象の直観・形象の自証・形象の証自証」の3段階として捉え，芦田恵之助が実践した「冬景色」の授業を通して「1. 文意の直感　2. 構想の理解　3. 語句の深求　4. 内容の理解　5. 解釈より創作へ」という5段階に整理した。分析批評や教育科学研究会による指導過程論もこの流れを汲むものといえる。

　三読法は我が国の読むことの学習指導として広く普及した一方で，正解到達主義に陥るという問題点や，教室での「読者」としての役割をいかに保障するのかという指摘もなされた。「読者」としての主体性を保ちながら，学習者に読みの力を付けることを目指し，多くの指導法が提唱されることとなる。

（2）テクストの〈対話喚起性〉に着目したもの

　先に述べた批判を乗り越えるものとして，物語論を作品分析の理論的基盤としながら，作品の〈呼びかけ構造〉に着目した指導法が提唱される。

　文芸教育研究協議会は，教室における学習者の読みを「だんどり」，「とおしよみ」，「まとめよみ」からなるものとして捉えた。「だんどり」において学習者と作品を出会わせ，〈内の目〉〈外の目〉という「視点」に読者が意識的になることによって生み出された文学体験を基に，「まとめよみ」の段階で主題化・典型化することを目指した指導方法である。作品との出会いや文学体験を重視した点に「読者」の主体性へのまなざしがみられる一方で，「主題」の追究に関しては学習者の解釈を狭めるという問題点も指摘できる。

2.「読者論」に立つ指導法

　読者による読みの違いや，読者と社会との関係に焦点を当てた指導法として「読者論」を踏まえたものがある。

(1) 一読総合法
　三読法を批判し，学習者の興味関心を重視した指導法として，「一読総合法」があげられる。「書き出し」と呼ばれる，学習者の思い浮かんだことや気付いたことを1人で書き込む活動を起点に，話し合いを行うという指導法である。一方で，文章の精読という点においては課題も指摘される。

(2) 状況認識の文学教育
　正解到達主義的指導や主題追求に重点が置かれすぎた指導を批判し，学習者を取り巻く「状況」と学習者自身を文学的文章を媒介として認識することを目指した「状況認識の文学教育」が大河原によって提唱される。実践報告の中で大河原は，クラスの中で少数派であった意見をきっかけとして，学習者の認識の変容を促している。また，その後に作文を行うことにより，学習者の社会に対する認識を自覚化することとなる。

(3) 十人十色の文学教育
　他者との対話によって学習者に「自己」について捉えさせようとした実践家として太田正夫があげられる。太田は，学習者の書いた第1次感想を分類・編集し，編集された文集に対して第2次感想を記述させるという方法を提案した。さらにその第2次感想を基に話し合いを行うことで，太田は読みのアナーキーに陥ることを防ごうとした。他者との差異を自覚化し対話を経

ることで，読者一人ひとりの読みを成立させた点にこの指導法の価値がある
といえる。

3．これからの文学的文章の指導について

　方法が目的化することに対して細心の注意を払いつつ，「読者」と「作品」，
そして両者を取り巻く「状況」の関係のあり方を絶えず更新し，模索するこ
とによって文学的文章の指導法は発展してきた。これらの指導法には各々特
徴があり，学習者の実態や教材の性質を鑑みて指導法が選択されるべきであ
る。

　また，注目される指導法として，リーディングワークショップがあげられ
る。学習者自身がたくさんの本を自ら選択して個別に読み，教師はそれをミ
ニレッスンやカンファランスを通して支援する役割に徹する。従来の，指導
者が選択した教材を教室で読むという指導法とは大きく異なるものであり，
「読解」指導と「読書」指導とが交叉する点に特徴がある。前項まで考察し
てきた「読解」指導と，これまでは国語科の外部として捉えられがちであっ
た「読書」指導との関係を再考し，両者の境目のない「読む文化」として編
み直す理論と実践が，これからの文学的文章の学習指導には必要である。

参考文献

大河原忠蔵（1982）『状況認識の文学教育　増補版』有精堂.
太田正夫（1987）『ひとりひとりを生かす文学教育』創樹社.
垣内松三（1977）「国語の力」『垣内松三著作集　第一巻』光村図書.
西郷竹彦（1975）『西郷竹彦文学教育著作集　第2巻』明治図書出版.
児童言語研究会編（1966）『一読総合法入門』明治図書出版.
プロジェクトワークショップ編（2014）『読書家の時間』新評論.

（武田裕司）

Q8　説明的文章の指導法にはどのようなものがあるか

1. 読ませ方の定式化から教材の特性に合わせた多様化へ

　説明的文章の指導は，日々の言語生活で学習者がより確かにかつ豊かに文章を読めることをめざすものであろう。ところが芦田恵之助の七変化教式，石山脩平の三読法や西尾実の三層法，戦後は基本的指導過程（輿水実），教科研方式（教育科学研究会）と，読みの指導法は当初，日々の言語生活での学習者の読みとは距離を置き，教室での指導者の「読ませ方」全般を，ジャンルや文種に関係なく数段階に分け定式化する方向に展開した。

　次いで，説明的文章独自の指導法の探究が進んだ。例えば，吉川芳則（2013）は第1章に，次の8つを挙げた。概ね時代順に記すと，筆者想定法（倉澤栄吉・青年国語研究会，野田弘・香川県国語教育研究会），一読総合法（小松善之助・児童言語研究会），説得の論法（西郷竹彦），筆者の工夫を評価する読み（森田信義），構造・要約・要旨の読み（大西忠治），表現形式を変換する読み（青木幹勇），レトリック認識の読み（小田迪夫），教材の特性を生かす読み（長崎伸仁）である。一読総合法は文学にも適用されるが，小松は説明的文章分野への言及も多く，分野独自の理論も構築していた。

　このように並べると，時を経るごとに，文学とは別の読み方を定式化させようとする方向から，個々の教材の特性に合う方法で指導を多様化させようとする方向へと，次第にシフトしてきていることがうかがえる。

　吉川はこれら先行研究群を網羅し，学習内容，教材の特性，学習活動の3者に見られる要素と関係を「要素構造図」で一覧できるようにした。これに沿えば，学習活動の〈具体的方法〉（手紙・メッセージ型／解説型／会話型／絵画型／表型等）は，学習活動の〈観点〉（立場・視点を変えて／文体を変えて／絵画・表を付加して／要約または敷衍して等）や〈立場〉（主体的読者／筆者等）との関係の中で，適切に選択されるべきものであるとわかる。

2．中等教育の課題―状況に応じた方略の適用と自己調整の指導―

　一方，これらの指導法とは一線を画し，学習者の言語生活での読みの拡充を志向する指導法として，単元学習の模索も続いてきた。

　大村はまは戦後，新制中学校に身を投じ，新時代の社会建設を担う学習者に必要な読みの力を育てた。教科書教材に閉じた読解指導にはよらず，時には教科書教材すら離れ，テーマについて本を1人1冊与えレポートさせたり，広告文や記事の表現効果を比較させたりなど，読書生活やメディアリテラシーの指導も含む読みの実践事例を，学習者が校外で今後直面する状況（「実の場」）を教室内に擬似的に設けて学ぶ「単元学習」の方法で，多数開発した。

　こうした単元学習は，日本国語教育学会（1992，2010）の刊行を機に小学校でも広がりを見せた。ただしその開発の起点が，小学校で読み方を一通り身に付けた学習者に，就職前の新制中学校ではいかなる指導が必要かを探究した，大村の問題意識にあったことには留意したい。大学進学率が5割を超える中，いわゆる「PISA（OECD生徒の学習到達度調査）ショック」を契機に高大接続のあり方や学校知と社会との関係が問い直される今，単元学習の起点にある大村の問題意識は，当代の問題をも照らす重要なものである。

　学習科学の知見によれば，読みの力とは〈個別の具体的な状況下での，読解方略の適用と自己調整〉であり，中学校以降は，小学校で指導者に手引きされて身に付けた読解方略の自己調整を図る役割を担うことが次第に明確になってきた。例えば古賀洋一（2020）は，措定した「読解方略の階梯」を観点に1990年代と2000年以降の授業実践をaスキル（読解の手順や成果が学習者に意識化されていない），b意識性（読解の手順や成果を学習者に意識化），c選択性（複数の方略の中から，どれを選択すれば良いのかを指導），d統合性（複数の方略の組み合わせ方を指導）の各指導型に分類した。そして，低中高学年と中学の全段階でbが56.1〜73.6％を占めたことを2000年以降の成果としつつ，中学段階に期待されるc・dの実践例がわずかで，しかも選択・統合の指導が単元の導入段階に留まっている点を課題視した。

3．課題に応える指導法の例

　この課題に応える指導法の開発が俟たれるが，１．２.の史的変遷を踏まえれば，それには単元学習の実践知を生かすのが妥当だと考えられる。舟橋秀晃（2019）は，自己の読み方を問う導入や，読む意義や価値を問う導入，学習者の読書個体史上での教材文の位置を自覚する〈仮想的状況〉の設定，複数教材の提示で学習者自身に社会的文脈を発見させ対象認識や論証のあり方を吟味させる指導過程などを，自己の実践知も踏まえて提案した。

　中等教育段階では，文章の内容も論証形式も複雑さを増す。これに対しては，内容や形式の複雑さを学習者に直接説くよりも，類似内容の文章の相互比較（類比）を手がかりにして，各筆者の認識や論証の独自性を学習者自身に発見させ，読解方略の新たな獲得と既有方略の選択・統合の習熟を図るようにするほうが，自己調整の促進を図る観点から有効であるといえよう。

　なお，単元学習の中でも，同一主題のもと複数教材を編む主題単元学習の手法には，国語科固有の教科内容としての適切さが問われてきた経緯もある（池田匡史，2017）。だが今後は，類比による論証形式の理解学習の一手法として，特に中等教育段階では新たな活用を図ることもできよう。

参考文献

舟橋秀晃（2019）『言語生活の拡張を志向する説明的文章学習指導』溪水社.

池田匡史（2017）「国語科教育における『主題単元・主題単元学習』の史的検討」，『日本教科教育学会誌』39（4），pp.33-44.

吉川芳則（2013）『説明的文章の学習活動の構成と展開』溪水社.

古賀洋一（2020）『説明的文章の読解方略指導研究』溪水社.

日本国語教育学会（1992）『ことばの学び手を育てる国語単元学習の新展開』全7巻，東洋館出版社.

日本国語教育学会（2010）『豊かな言語生活が拓く国語単元学習の創造』全7巻，東洋館出版社.

（舟橋秀晃）

Q9　中学校における古文の指導法にはどのような ものがあるか

1．基本的な国語科の指導法と共通する方法

　国語科の学習指導の基本的な指導法である朗読，暗唱，群読などの音声化は古文の指導においても指導法として頻繁に用いられている。朗読は文章を読み上げることであるが，音読が単なる音声化を指すのとは異なり，より聞き手を意識して音声化する。暗唱は本文を暗記して音声化することである。群読は2人以上で一まとまりの文章を分担したり，声を合わせたりして，音読，朗読することである。「平家物語」などの実践では群読をはじめとした音声化が広く行われている。登場人物の心情や情景描写などの読みを，朗読や群読として表現する授業実践が行われている。

　音声化の評価を行う場合には，音声化の成果を評価することよりも，内容や文体から，どう音声化するかを検討する過程を評価することが重要である。具体的には，音声化された表現にいたるまでの過程を生徒たちの台本への書き込みなどで評価することになる。学習形態としては個人でもグループでも行うことができる。

　学習指導要領でも，第1学年で「音読に必要な文語のきまりや訓読の仕方を知り，古文や漢文を音読し，古典特有のリズムを通して，古典の世界に親しむこと」，第2学年で「作品の特徴を生かして朗読するなどして，古典の世界に親しむこと」とされ，音声化が指導事項としてあげられている。

　中学校においては，文語文法は指導されることになっていないが，口語文法の指導とともに触れることは高校での古典指導の素地となるだろう。

2．古文の内容に親しむ指導法

　学習指導要領では，第2学年において「現代語訳や語注などを手掛かりに作品を読むことを通して，古典に表れたものの見方や考え方を知ること」とある。

現代語訳，語注を生徒たちにわかりやすく示す方法に，傍注資料がある。

　傍注資料とは，①当該の古文を写し，②単語レベルで傍線を付し，③現代語訳を書き込み，④主語や目的語を補ったものである（くわしくは，大村はま〔1983〕を参照）。

　傍注資料で音読あるいは黙読しながら，原文に触れつつ，内容を理解することができる。現代語訳を読むだけでも内容を把握することはできるが，内容把握と同時に原文にも触れることができる点が利点である。

　教科書教材「竹取物語」の指導においては，「竹取物語」を原作とした「かぐやひめ」などの絵本や漫画，現代語訳などの二次創作物を比較して読むといった言語活動が考えられる。二次創作物に含まれた，作家の解釈とともに内容を楽しむことで作品の読みを豊かにすることができる。

3．カリキュラムの観点から考える古文指導

　カリキュラムから指導法を考える場合，帯単元という方法も考えられる。帯単元とは，国語の時間のうち10分程度や朝の読書の時間など繰り返し一定時間を割いて行われる単元のことである。

　帯単元では，通常の国語の授業の中で行われている単元に関連した作品を読み進めるということも行われている。授業で扱っている作品の作者が書いた他の作品を読むといったことはよく行われているが，古文の場合にも，授業内では読みすすめることができなかった作品の一部や授業で取り組む言語活動を行うために作品を読むといったことが，帯単元で行われている。

　帯単元においては，季節おりおりに関連した短歌や俳句などを紹介して，日本文学における季節感に触れさせるということもできる。

4．古文をおもしろがり，古文に親しむ

　古文をおもしろがりかつ親しむ指導法に関しては，藤森（2019）に紹介されている。以下，いくつかの事例を紹介しよう。

　「擬古文日記」の事例を紹介しよう。擬古文日記とは，生徒たちの文章を擬古文に換えて教材化し，それを口語訳させ，導入とする。その後，生徒た

ちの体験した愉快な出来事を古文訳するというものである。現代語から古語への訳出は芹生公男・金田一春彦『現代語から古語を引く辞典』三省堂などを利用するとされている。おもしろがりながら，古文特有の言い回しや，歴史的仮名遣いなどに慣れることができるだろう。この方法の簡略化したものとして，「枕草子」でもの尽くしの章段を読み，生徒たちがまねて現代版「枕草子」のもの尽くし章段を書くという実践が考えられるだろう。

　「そうだ〇〇に行こう」と題された事例では，旅が描かれた古典を材料にツアー・ガイドを作り，パンフレットを作成する。参観日や研究授業などを利用して，大人相手の旅行相談会を開き，プレゼンテーションを行う。客となった参観者たちが質問をしたり，商品への感想を述べたりする。ここで扱われる作品は「伊勢物語」，「更級日記」，「土佐日記」，「平家物語」，「おくの細道」などである。どの作品も教科書に登場する作品であり，現代語訳も手に入りやすく，取り組みやすいだろう。

　また，「徒然草」の仁和寺の法師のエピソードや説話などの滑稽な話を集めて，どのお話がおもしろいかといったランキングを付けるといった実践も考えられるだろう。古典と言えば，そこで述べられる美意識や教訓めいた内容などで堅苦しく考えられがちだが，実際には滑稽な話もあり，説話などは現代の感覚からもおもしろいものが多い。古典が単純におもしろいと感じられれば，読書材の一つとして，生徒たちも手を伸ばすようになり，古典に親しんでいくだろう。

参考文献

大村はま（1983）『大村はま国語教室3　古典に親しませる学習指導』筑摩書房.

藤森裕治（2019）「伝統的な言語文化と戯れる」『国語教育研究』561，pp.4-9.

日本国語教育学会監修（2018）『シリーズ国語授業づくり　中学校　古典　言語文化に親しむ』東洋館出版社.

（浮田真弓）

Q 10　高等学校校における古文の指導法には どのようなものがあるか

1．「訓詁註釈」からの脱却へ向けて

2009（平成21）年改訂高等学校学習指導要領の国語科「古典Ａ」の「解説」の中に，「訓詁註釈に偏った古典の授業が古典の学習に意義を見いだせない生徒を生まないよう，古典を読む意欲をまず高めることが何よりも大切である」という記述がある。

「訓詁註釈」というのは，要は語句調べと品詞分解に終始する古典の授業のことである。同学習指導要領において「伝統的な言語文化に関する事項」が設置された背景の一つとして，2002（平成14）年，2005（平成17）年の教育課程実施状況調査において全国の高校３年生の７割強が「古典が嫌い」と回答したことが挙げられるが，如上の記述はそうした実態を改善していくことの必要性を強く訴えたものである。

ここでは，その試行錯誤の先端を見るために，日本国語教育学会編『月刊国語教育研究』に掲載された近年の高校古文の実践報告を採り上げる。以下の事例からだけでも，新しい古文の授業・学習の息吹を感じることができるだろう。

2．古文の授業実践の動向

2018（平成30）年改訂高等学校学習指導要領の方針をふまえて，それに関連する要素を含む実践例を複数紹介する。

例えば，柴田は和歌の授業において「類比探し」，「対比探し」といった，和歌を読むための方法の学習を主眼とする実践を行っている。一つひとつの和歌をただ訳して鑑賞するだけではなく，生徒たちがこれから出会う和歌を読み解く際にも活用できる「汎用的知識・技能」（ジェネリックスキル）の獲得を重視している。また澤田は，生徒たちが「年中行事」という観点から古

文テクストを読み込み，その成果をふまえて生徒たち自身が他の生徒たちにむけて授業をするという単元を構想している。両者の実践は古典の内容知（テクストの内容）のみではなく方法知（古典の学び方や調べ方，発表・説明の仕方など）の習得も学習目標として設定したものとなっている。

　若杉は『竹取物語』と「かぐやひめ」，『蜻蛉日記』と『拾遺集』，『大鏡』など，複数のテクストの「読み比べ」を採り入れた単元を展開している。あるテクストを複数の資料・情報と比較検討しながら読み進めていくことは，新学習指導要領が推奨する学び方の一つである。塩田も『更級日記』を読む際に『伊勢物語』，『浜松中納言物語』などを資料として用い，生徒たちのテクスト理解が立体的になるよう試みている。これらも古典を素材として方法知（情報の比較・分析の仕方）を学習することが目指されている。

　また，新学習指導要領が重視することの一つに「語彙」があるが，これについては木村が『源氏物語』において「うつくし」，「をかし」，「らうたし」，「あはれなり」の意味の微妙な違いや使い分けを考究していく授業を行っている（現代語訳ではすべて「かわいい」）。これは生徒たちの語彙感覚が磨かれていくことを期待しての試みである。西岡も，「方言カルタ」（岐阜県）を用いて，語彙学習にも資する古語・古文の授業を実践している。

　さらに，新学習指導要領における新設科目での展開が期待される実践報告もある。例えば，大村は『古事類苑』を用いた単元を展開している。新科目「論理国語」においても「古典における論理的な文章」が教材の選択肢として示されているが，このような「非文学古典」を教材として「事物の紹介をする」といった言語活動を行う実践は，まさに「古典を学ぶ」ではなく「古典で学ぶ」授業であり，「伝統的な言語文化」の方針を体現するものといえる。また，小林は既存作品を古語・古文に書き換えていく「文語作文」の実践を行っている。新科目「文学国語」においても「古典を題材として小説を書くなど，翻案作品を創作する活動」が例示されており，このような実践は，古典に親しみながら古語・古文を自身の語彙・文体に組み込んでいく学びの好例といえよう。中田も「スキット（寸劇）発表会」を採り入れた『伊勢物語』の実践に臨んでいる。テクストの一部を劇化する翻案活動の一種であ

り，この活動をする中で生徒たちはテクストを自然自然と深く読み込み，自身の語彙や表現によって古典の世界を描いていくことになる。

　本稿において紹介できたのは，近年報告された実践のほんの一部である。『月刊国語教育研究』においても次々と新たな授業実践が掲載されているが，これらの多くが「コンテンツベース」から「コンピテンシーベース」へのパラダイムシフトの意識が読み取れるものとなっている。

参考文献（出典はすべて日本国語教育学会編『月刊国語教育研究』）

木村愛（2019）「言葉を比較する ―― コアミーニングに着目することで語彙形成を目指す試み」No.567，pp.40‑41.

小林賢太（2018）「古典教育における文語作文の試み ―― 古典への興味・関心を高める文法学習」No.560，pp.50‑55.

中田由記（2018）「古典の作品のよさを語る人を育てるために ――『伊勢物語』の『スキット発表会』から『小さな批評文』作成へ」No.553，pp.50‑55.

西岡裕二（2018）「方言で『古文』への興味を持たせる取り組み ―― 『方言カルタ』をきっかけとして」No.554，pp.22‑27.

大村勅夫（2018）「非文学古典を学習材とした単元の試み ―― 『古事類苑』をもとに」No.552，pp.22‑27.

澤田浩文（2020）「『年中行事』でつながる『伝統的な言語文化』の学習」No.573，pp.22‑27.

柴田昌平（2017）「和歌を読む力を段階的に伸ばすための授業構想」No.541，pp.22‑27.

塩田妙子（2019）「資料を活用して解釈を深める学習指導の試み」No.561，pp.22‑27.

若杉俊明（2018）「高等学校で古典を学ぶことの意義や価値を実感できる指導へ ―― 魅力的な学習課題のための『読み比べ』の提言」No.549，pp.22‑27.

（八木雄一郎）

Q 11　漢文の指導法にはどのようなものがあるか

1．漢文の指導法とは

　漢文教材を用いた学習を支援しようとする場合，それを支援する方法＝指導法は，当然ではあるが，多岐にわたる。指導法は学習の目標との関係で選択されるが，その目的が，「読むこと」の領域一般で設定しうる目標なのか，それとも，漢文教材のもつ「漢文である」という特徴があるからこそ設定しうる目標なのかによっても変わる。

　前者の場合，リーディング・ワークショップや読書会（ブッククラブ）のような，現在は「現代文」を題材として行うことが多い学習方法を選択することもできる。現在，漢文テキストは「読書」の対象としては選ばれにくい傾向にあるが，漢文も読書の対象となりうるということを学習者が実感する機会も必要だろう。もちろん，リーディング・ワークショップにおいても，ミニレッスンとして「漢文ならでは」のレッスンを行うこともできるため，これらの指導法を選択しつつ，「漢文である」という特徴をいかした学習を実現することができないわけではない（漢文教材を用いたリーディング・ワークショップの事例については，参考文献の神部智〔2018〕を参照のこと）。

　以下では，主に後者に注目し，「漢文である」という特徴があるからこそ可能になりやすい指導法を取り上げる。

2．学習指導要領における指導法

　まず，学習指導要領においては，どのような指導法が示唆されているかを確認しておきたい。平成30年版学習指導要領における選択科目「古典探究」では，言語活動例として，「調べて発表したり議論したりする活動」，「同じ題材を取り上げた複数の古典の作品や文章を読み比べる活動」，「漢詩を創作したり，体験したことや感じたことを文語で書いたりする活動」，「解釈を踏まえて朗読する活動」，「様々な資料を調べ，その成果を発表したり報告書な

どにまとめたりする活動」，「古典の言葉を現代の言葉と比較し，その変遷について考え，短い論文などにまとめる活動」，「往来物や漢文の名句・名言などを読んで文例を集め，現代における意義や価値などについてまとめる活動」などが挙げられている。

　このうち，多くの言語活動が，単独の漢文教材を読むだけでなく，複数のテキストを読み，そのことによって言語や言語文化への認識を深化させることを意図したものになっている。文章内容の理解そのものを目標とするだけではなく，何のために読むのか，という学習の脈絡をどのように構成するかが問われていると言えるだろう。その際，「内容の取扱い」として明示されている通り，白文に訓点を付した形態だけにとらわれず，漢文について論じた現代のテキストなどであっても教材として用いうることも確認しておきたい。

3．漢文教材と他の種類の教材との組み合わせ

　上記で述べたように，漢文教材は他のテキストと組み合わせることで，単独で取り扱うときとは異なる光を当てることができる。歴史的に見ると，昭和50年代の実践に多くの先行実践が見られるほか，大学入学試験では「融合問題」という呼び方で，現代文や古文のテキストと組み合わせた出題が行われてきた。そのような事例を参考にしながら，単元を組むことができる。

　その際，組み合わせることで，どのような学習をねらうのかを明らかにしておく必要がある。組み合わせ方には，大きく分けて，(1) 並列関係，(2) 翻訳関係，(3) 解説関係の3種類がある。(1) の並列関係は，同一のテーマについて述べる複数のテキストであったり，名言・名句など同じ性質をもつ複数のテキストであったりするものである。(2) の翻訳関係は，漢文テキストから現代文や古文に翻訳されたものであったり，あるいは，その逆であったりする。(3) の解説関係は，漢文テキストについて，現代文や古文で解説している関係を指す。

　例えば，(3) 解説関係を用いる場合，単独の漢文教材では扱いにくい『論語』の日本における受容について本文解釈とともに学んだり，『史記』が他の史伝に比べてどのような特徴をもつテキストであるかを踏まえ，改めて漢

文テキストを読み，その性質について学んだりすることができる。

4．漢文教材をもとにした翻訳や創作

　漢文教材の中でも，特に漢詩については，松下緑（2006）や横山悠太（2019）など，日本語の詩に翻訳したものが出版されている。これを，(2)翻訳関係のテキストとして用いることもできる。また，授業実践としても，漢詩を日本語の詩に翻訳する「訳詩」の実践は広く行われている。

　翻訳には，言うまでもなく，翻訳者の解釈が反映される。特に訳詩では，漢詩に用いられる漢字一字一字について，翻訳者がそれをどのように解釈したのかが問われることになる。学習者に訳詩を課す場合，支援の方法として，複数の解釈書の記述を用意することもできるだろう。漢和辞典を用いることを含め，漢字一字についても多様な解釈がありうることを実感し，さらに，それを現代の日本語としてどのように表現するかを検討することは，重要な言語の学習となりうる。

　これは，漢詩だけではなく，散文のテキストに関しても同様に行うことができる。「文学国語」の言語活動例にはなるが，漢文教材を題材とした翻案作品を創作することもできる。特に『捜神記』などの志怪小説等は，創作として解釈を加えることができる余地も多く，同じ原典をもとにしながらも，学習者それぞれが物語の新たな側面を追加することができる。このとき，その追加された物語の側面について検討することで，私たちがどのような物語的な想像力をもっているかについて議論することもできる。

参考文献

神部智（2018）「学習者の主体的な関与を促す古典学習指導の開発：高等学校漢文授業への『リーディング・ワークショップ』の導入」『国語教育研究』59，pp.71-82.

松下緑（2006）『漢詩に遊ぶ　読んで楽しい七五訳』集英社.

横山悠太（2019）『唐詩和訓 ひらがなで読む名詩100』大修館書店.

（冨安慎吾）

Q12　「知識・技能」の指導法について述べなさい

1．内容の構成における「知識・技能」の位置づけ

　学習指導要領は〔知識及び技能〕の内容を「(1) 言葉の特徴や使い方に関する事項」，「(2) 情報の扱い方に関する事項」，「(3) 我が国の言語文化に関する事項」の3つの事項で構成している。

　国語科で育成が目指される資質・能力の3つの柱は相互に関連し合い，一体となって働くことが重視されるので，〔知識及び技能〕を〔思考力，判断力，表現力等〕と別々に分けて育成したり，〔知識及び技能〕を習得してから〔思考力，判断力，表現力等〕を身に付けるといった順序性をもって育成したりすることを意図した指導にならないよう留意する必要がある。

2．「知識・技能」の内容

「(1) 言葉の特徴や使い方に関する事項」

　〔知識及び技能〕の内容のうち，「(1) 言葉の特徴や使い方に関する事項」には，「言葉の働き」，「話し言葉と書き言葉」，「漢字」，「語彙」，「文や文章」，「言葉遣い」，「表現の技法」に関する内容が整理されている。ここではそのうちの「言葉の働き」と「語彙」の指導に焦点を当ててみる。

(1)「言葉の働き」について

　「言葉の働き」については，言語の機能や役割を客観的に捉えることが目指される。この事項の中では，今回の改訂で特に重視された内容の一つであり，小学校から高校各科目（「古典探究」を除く）まで，該当の項目が体系的に位置付けられている。「言葉の働き」の理解をあらためて重視するのは，それが「言葉を学ぶことの意味」の理解にとって，きわめて重要だと考えられるからである。

　この内容は，中学校第2学年においては，「言葉には，相手の行動を促す働きがあることに気付くこと」と示される。例えば，この項目を〔思考力，

判断力，表現力等〕の「B書くこと」(1) エ「読み手の立場に立って，表現の効果などを確かめて，文章を整えること」などと関連付けて指導することが考えられる。これを (2) イ「社会生活に必要な手紙や電子メールを書くなど，伝えたいことを相手や媒体を考慮して書く活動」を通して学ぶことで，どのような表現が自分の意図を的確に伝えるのか，どのような表現が相手の行動を効果的に促すのかを考えることになるだろう。それはすなわち，相手の行動を促すという言葉の働きに気付くことでもあるはずだ。

また，高等学校「現代の国語」においては，「言葉には，認識や思考を支える働きがあることを理解すること」と示される。例えば，この項目を〔思考力，判断力，表現力等〕の「B書くこと」(1) ウ「自分の考えや事柄が的確に伝わるよう，根拠の示し方や説明の仕方を考えるとともに，文章の種類や，文体，語句などの表現の仕方を工夫すること」などの指導と関連付けて指導することが考えられる。何を根拠として，どのような理由付けによって，どのような結論を導くか，それをどのような表現で伝えればよいか，といったことを考えさせることは，その過程のいずれにも言葉が深く関与していること，言葉なくしては主張も事実の説明も成り立たないことの理解につながるだろう。

（2）「語彙」について

もう一つ，今回の改訂で特に重視された内容に「語彙」がある。中学校までの各段階，高校各科目のすべてに「…語句の量を増し，…語感を磨き語彙を豊かにすること」という項目が配されている。「語彙を豊かにすること」が，考える力の育成にとって重要であるという判断に拠っている。

中学校第3学年においては「理解したり表現したりするために必要な語句の量を増し，慣用句や四字熟語などについて理解を深め，話や文章の中で使うとともに，和語，漢語，外来語などを使い分けることを通して，語感を磨き語彙を豊かにすること」とある。例えば，この項目を〔思考力，判断力，表現力等〕の「A話すこと・聞くこと」(1) ウ「場の状況に応じて言葉を選ぶなど，自分の考えが分かりやすく伝わるように表現を工夫すること」などの指導と関連付けて指導することが考えられる。クラスで討論をするとき，

地域のお年寄りにインタビューするとき，未就学の幼児たちの前で話をするときなど，同じような意味の語句でもそれぞれの状況で使い分けが必要になることを実感させる指導が想定できよう。そこでは，例えば，和語，漢語，外来語のそれぞれの語種の特性を理解していることも必要になるだろう。

　また，高等学校「論理国語」においては，「論証したり学術的な学習の基礎を学んだりするために必要な語句の量を増し，文章の中で使うことを通して，語感を磨き語彙を豊かにすること」と示される。例えば，この項目を〔思考力，判断力，表現力等〕の「読むこと」(2) ウ「学術的な学習の基礎に関する事柄について書かれた短い論文を読み，自分の考えを論述したり発表したりする活動」を通して指導することなどが考えられる。「語彙」は言うまでもなく，「ある観点で集められた語の集合」である。「論証するために必要な語の集合」をそれとして学ぶ機会を意図的に設けることは有効であり，自分の論述や発表の中で意識的に使うことで，使用語彙としての定着も期待できよう。

　他の科目においては，「我が国の言語文化に特徴的な語句」（言語文化），「情景の豊かさや心情の機微を表す語句」（文学国語），「自分の思いや考えを多彩に表現するために必要な語句」（国語表現）などが，学ぶべき「語彙」として示されている。「語彙」の指導はともすると「語句」の指導にとどまりがちであるが，体系的な「語彙」の理解につながるような指導を心がけたい。

参考文献

田中牧郎（2018）「言葉に関する指導事項について」『日本語学』37巻12号，明治書院，pp.80-91.

山下　直（2019）「「言葉の特徴や使い方に関する事項」の指導の留意点」『日本語学』38巻9号，pp.32-37.

（島田康行）

Q13 文法の指導法にはどのようなものがあるか

　文法の指導法には，教育内容としての文法論のとらえ方によって，複数の
アプローチがありうる。そこでまず第1節では，教育内容としての文法論の
とらえ方について確認しながら，中等教育において望ましい文法の指導法に
ついて述べる。第2節では，本書刊行時点で最新の学習指導要領解説を参照
しながら，今日における文法指導の位置付けをより明確にしたい。

1．文法論とその指導法

　文法教育における文法論には，大きく（1）機能文法によるものと，（2）
体系文法によるものの2つがある。これらについて述べたうえで，（3）では
中等教育における望ましい文法の指導法について述べる。

（1）機能文法

　機能文法とは，生徒が実際に行う言語活動を想定し，その運用と関連をも
つ内容を中心に構成する文法論をさす。一例をあげれば，光村図書中学1年
生用教科書（2017年版）には，「言葉の関係を考えよう」というコラムがあ
る。このコラムでは，「山田さん」が「小説『二十四の瞳』を読んで感じた
こと」を読書ノートに書くという場面を想定する。「山田さん」は，「私は，
この作品を読んで，大石先生は，長い間，分校の子供たちを思いやり，とて
もすばらしい。」という感想を書く。これに対し，友達の「わかりづらい」
という反応を示したうえで，「『私（山田さん）』が『どうした』のかがわか
るように書き直そう」という学習課題を設定する。ここでは，実際の学校で
もありうる言語活動の場面が題材となる。また学習事項としては，「文節ど
うしの関係」の中でも「主・述の関係」のみを取りあげる。ここでは他の関
係，例えば「修飾・被修飾の関係」や「接続の関係」が具体的に示されるこ
とはない。あくまで生徒が実際に言語活動を行う場面を重視し，その運用に
関連することを重視しているのである。以上のような点から，このページ
は，機能文法の立場に立って文法論を示しているといえる。

（2）体系文法

　体系文法とは，言語学上の法則を体系的に説明する文法論のことをさす。同じく光村図書中学校1年生用教科書は，末尾に「文の組み立て」というページをおく。そのページにおいては，「主・述の関係」，「修飾・被修飾の関係」，「接続の関係」，「独立の関係」といった関係が系統的に示される。これは言語活動の場面というより，「文の組み立て」について普遍的な内容を示すことを主眼に置いている。このページは，体系文法の立場に立って文法論を示しているといえる。

（3）中等教育における文法の指導法

　(1)，(2) の内容を総合すると，現在の中学校における国語教科書は，機能文法的に文法事項を示す内容と，体系文法的に文法事項を示す内容をそれぞれ示し，融合させる指導法をとっている。実際の指導においても，機能文法的なアプローチと体系文法的なアプローチを適切に組み合わせ，生徒の実感にもとづく理解を促す必要がある。

2．今日における文法指導

　1947年版学習指導要領試案は，「これまで，文法の学習指導は，国語科のなかで孤立していた傾きがある。文法を現実の社会生活における言語活動と結びつけなかったし，また，その学習指導に興味を与えるくふうもとぼしかった」という反省を述べた。これ以降の文法指導も，大きな流れとしては，体系文法的なアプローチと機能文法的なアプローチをどのように組み合わせるかという観点から検討され続けてきた。

　2017年改訂小学校学習指導要領においても，「主語と述語との関係」に関する指導が明記されるようになった (小学校3，4年生，知識及び技能 (1) カ)。この事項が示されることになったきっかけの一つとして，2009年版全国学力・学習状況調査（中学校）における，いわゆる「モナリザ文」の問題がある（A問題，大問1，問一）。この問題は，「この絵（引用者注：「モナリザ」）の特徴は，どの角度から見ても女性と目が合います」の「合います」の部分を適切に修正するというものである。この問題では，「特徴は」とい

う抽象名詞を主語にする場合，述語も「合うことです」のように抽象名詞文にするという知識が問われている。しかし，この問題の正答率は，わずか50.8％にとどまった。さらに，2017年改訂小学校学習指導要領解説　国語編も，この主語・述語に関する問題の達成度を「課題」として指摘している（第1章　総説「2　国語科の改訂の趣旨および要点」）。つまり2017年改訂学習指導要領は，全国学力・学習状況調査の結果を文法学習上の課題と解釈し，それを乗り越えるために上記の項目を設定したのである。このような文法事項の示し方は，まさに機能文法的なアプローチに立つものである。今日において，機能文法的なアプローチがより重視されていることがうかがえる。

　このような傾向は，中等段階の学習指導要領にも見られる。2018年改訂高等学校学習指導要領における必修科目「現代の国語」は，「文，話，文章の効果的な組立て方や接続の仕方について理解すること」（知識及び技能 (1) オ）という項目をおく。この「効果的な組み立て方」に関する項目は，旧科目「国語総合」には見られなかったものである。この項目における「効果的な組み立て方」とは，同解説によれば，「山田さんは書記に選ばれた」という文と「書記は山田さんが選ばれた」という文における「伝えたい力点」の相違を理解する内容のことである。高等学校における文法指導も，実際の言語活動における運用への目配りをより行うようになっている。中等教育における文法指導も，このような内容の変化を見通して行う必要がある。

参考文献

山室和也（2012）『戦後文法教育研究の成果と課題』東京学芸大学博士論文.
山室和也（2015）「文法論」髙木まさき・寺井正憲・中村敦雄・山本隆春編
　　　『国語科重要用語事典』明治図書出版，p.194.

（勘米良祐太）

Q 14　語彙指導の方法にはどのようなものがあるか

1．語彙指導の目標と枠組み

　中等教育における語彙指導では，語彙の体系的な理解と語彙の拡充が中心的な目的となる。一般的に，語彙指導の方法は「取り立て指導」と「取り上げ指導（取り出し指導）」に分けられる。方法面に着目すると，前者は「系統や体系を重視した展開（場面設定）で行う指導」，後者は「『実の場』やコンテクスト（文脈や状況）を重視した展開（場面設定）で行う指導」（塚田・池上，1998, p.15）に整理することができる。そこで，本稿では，語彙論研究に基づいて語彙を体系的に捉えるための指導法と，言語運用能力を核とした理解語彙・使用語彙を増やすための指導法に分けてみていくこととする。

2．語彙を体系的に捉えるための指導法

　学習指導要領の指導事項と照らし合わせて，語彙を体系的に捉えるための観点を大まかに整理すると，語彙体系，語句の出自やことばの位相，語句の成り立ちと変化に関する学習に分けることができる。

（1）語彙体系を捉えるための学習

　語彙体系に関する学習では，日本語の語彙の総体を捉えるためにシソーラスなどを参考にしながら語と語の関係を把握したり，語と語を関係付けたりする学習を行う。例えば，『分類語彙表』（1964年初版，2004年増補改訂版）を参照しながら，品詞の観点と意味分野の観点から語彙体系を捉えていく学習を行う。また，語彙の総体ではなく語彙の一部を取り出して体系を捉える学習として，語同士の意味関係に着目する学習を行う。上位・下位語，同義語，類義語，対義語などの学習がこれに該当する。学習指導要領には小学校から高等学校まで各学年や各科目で重点的に取り上げる「語句のまとまり」が示されているので，それらを目安として学習を行う。平成30年改訂高等学校学習指導要領「言語文化」には，「我が国の言語文化に特徴的な語句の

量を増し，それらの文化的背景について理解を深め」る学習が位置付けられ，解説には「雨」の多様な表現や「わび」，「さび」などの例が示されている。外国語と比較しながら日本語の特徴に気付く学習なども取り入れ，日本語による世界認識の特徴や美的感覚などを見いだす学習を行う。

（2）語句の出自（語種），ことばの位相に関する学習

　言語文化の学習と関わりをもつのが語句の出自に関する学習である。固有語か借用語かという出自によって分類された「和語」，「漢語」，「外来語」，「混種語」についての学習を行う。それぞれの定義やどのような語句が該当するのかを確認したうえで，使い分けを意識して文を作成したり，書き換えたりする学習を行う。加えて，例えば「和語」の特徴を捉えたり，どのようなものを表す語句が多いのかを探ったり，その変遷を辿ったりする学習を行う。ことばの位相については，方言と共通語，ことばの性差，世代差，敬語，話し言葉と書き言葉などを取り上げて，表現するのはどのような人か，またどのような場で用いるのかといった表現様式によって語句が使い分けられていることに気付いたり，目的や場や相手に応じて語句を使い分けて実際に話したり書いたりする学習を行う。

（3）語句の成り立ちと変化に関する学習

　「語句の成り立ちと変化」に関する学習には，語句の組み立て（語構成・語形成）と変化（意味変化，語形変化），「語源と語史」の学習がある。

　語句の構成については，単純語と合成語（複合語・派生語），慣用語，四字熟語などの学習を行う。複合語の学習では，「本箱」や「切り開く」などを例示して，語形の変化も含めて指導を行う。語形成については，例えば「山月記」（中島敦）の「自尊心を飼いふとらせる」に着目して新たな語句の作られ方を見付けたり，略語の省略の仕方を見付けたりする学習を行う。関連して，語のもとの形や意味をたどる語源や語史について調べたり，意味変化や語形変化，語の交代に着目してその変化について調べたりする学習を行う。

　これらの学習は小刻みに取り上げられることが多く，それぞれの学習の関連性が見えにくくなってしまうため，体系的に捉えられるように留意する。

3. 言語運用能力を核とした理解語彙・使用語彙を増やすための指導法

　理解語彙や使用語彙を増やすためには，運用を伴う学習を行う必要がある。中学校第1学年で「語句の辞書的な意味と文脈上の意味との関係」を重点的に取り上げることになっているが，小学校段階から文章を読む際に未知語の文脈上の意味を推定したうえで辞書を手掛かりとしながら意味を理解したり，話したり文章を書いたりする際に辞書の意味と文脈上の意味とを照合しながら語彙を選定したりする学習を積み重ねていくことが大切である。

　また，語彙を増やすためには，論理的・実用的な文章や古典，近現代の小説や詩歌，芸能など，幅広い分野の言葉に触れて新たな語句を習得していく必要がある。猪俣（2016）の研究では，新しい単語を覚えるためには未知語が含まれている必要があるが，多すぎると語彙学習は促進されないため，言語力の水準に応じた本を読む必要があると指摘されている。学習者とやりとりしながら，その学習者の実情に応じて図書案内をしたり，学校図書館の活用を推奨したりすることで，個々の学習者の読書の幅を拡げていきたい。

　文章を書く際に語句の選定や用い方に迷ったときには，「現代日本語書き言葉均衡コーパス」（BCCWJ）のデータベースなどを活用して，語句の用いられ方を調べる学習を設定し，意図や文脈に応じて語句を選定して用いることができるようにする。また，日本語の語句に関するテーマを設定し，各種資料を手掛かりとしながら追究して，調べたことや考えたことを発表する機会を設けるなど，教科の枠を超えた学習も積極的に取り入れる。

参考文献・URL

石井正彦編『語彙の原理』朝倉書店.

猪俣敬介（2019）『読書と言語能力』京都大学学術出版会.

国立国語研究所編（2004）『分類語彙表　増補改訂版』大日本図書.

塚田泰彦・池上幸治（1998）『語彙指導の革新と実践的課題』明治図書出版.

少納言「現代日本語書き言葉均衡コーパス」https://shonagon.ninjal.ac.jp/
　　　（2020年6月30日閲覧）.

（長岡由記）

Q 15 国語科における情報の扱い方にはどのような ものがあるかを述べなさい

1. 新設された「情報の扱い方」とその背景

「平成29年改訂中学校学習指導要領」及び「平成30年改訂高等学校学習指導要領」で,「情報活用能力」は「言語能力」,「問題発見・解決能力」と同様に,学習の基盤となる資質・能力として位置付けられた。国語科では,こうした資質・能力の育成に向けて,「知識及び技能」の内容において「情報の扱い方に関する事項」(以下「情報の扱い方」)が新設された。

「中学校学習指導要領(平成29年告示)解説　国語編」及び「高等学校学習指導要領(平成30年告示)解説　国語編」によると,その背景として,二つ示されている。一つは,「急速に情報化が進展する社会において,様々な媒体の中から必要な情報を取り出したり,情報同士の関係を分かりやすく整理したり,発信したい情報を様々な手段で表現したりすることが求められている」(「中学校学習指導要領(平成29年告示)解説　国語編」第1章　総説　2　国語科の改訂の趣旨及び要点 (2) 学習内容の改善・充実 ②情報の扱い方に関する指導の改善・充実。「高等学校学習指導要領(平成30年告示)解説　国語編」第1章　総説　第2節　国語科改訂の趣旨及び要点　1　国語科改訂の趣旨及び要点 (3) 学習内容の改善・充実 ②情報の扱い方に関する指導の改善・充実)ということ,もう一つは「教科書の文章を読み解けていないとの調査結果もあるところであり,文章で表された情報を的確に理解し,自分の考えの形成に生かしていけるようにすることは喫緊の課題である」(同上)ということである。

　この資質・能力としての「情報の扱い方」を身に付けることで,「情報活用能力」だけでなく,より高度な論証を行うための論理的な思考力を高めることも目指していく。

2. 中学校・高等学校における「情報の扱い方」の二つの系統

　中学校では，「情報の扱い方」について「情報と情報の関係」と「情報の整理」の二つの内容で構成し，小学校の学習を踏まえた指導事項を系統的に示している。高等学校でも同様の二つの系統を，共通必履修科目の「現代の国語」（2単位）及び選択科目の「論理国語」（4単位）に示している。

　まず，「情報と情報との関係」とは，情報と情報との様々な関係に関する事項のことである。中学校の場合，「思考力，判断力，表現力等」を育成する上で，「原因と結果」，「意見と根拠」，「具体と抽象」など，話や文章に含まれている情報と情報との関係を捉えて理解したり，自分のもつ情報と情報との関係を明確にして話や文章で表現したりすることが重要になる。高等学校の場合，さらに「主張と論拠など情報と情報の関係」，「個別の情報と一般化された情報との関係」，「主張とその前提や反証など情報と情報の関係」などへの理解を深め，高度な論証を行うための論理的な思考力の育成にもつなげていくことになる。

　一方の「情報の整理」とは，情報の整理に関する事項のことである。中学校の場合，「比較や分類，関係付けなどの情報の整理の仕方」，「引用の仕方や出典の示し方」，「情報と情報との関係の様々な表し方」，「情報の信頼性の確かめ方」など，情報を取り出したり活用したりする際に行う整理の仕方や，そのための具体的な手段について示している。高等学校の場合，「推論の仕方」，「情報の妥当性や信頼性の吟味の仕方」，「引用の仕方や出典の示し方，それらの必要性」，「情報を重要度や抽象度などによって階層化して整理する方法」など，より具体的な情報の整理の仕方を示すだけでなく，自分が情報を活用する際の細かな手立てや注意点にも言及している。この推論については，演繹的な推論と演繹的でない推論（帰納，類推，仮説形成など）が想定されている。

　こうした「知識及び技能」を，社会生活における様々な場面で，主体的に活用できる，生きて働く力として習得することを目指す。なお，この二つの系統は，単なる知識の伝達ではなく，いずれも「思考力・判断力・表現力等」と相互に関連を図りながら，言語活動を通して，学習者が実際に情報を扱い

活用する学習経験を積みながら身に付けていくことが望ましい。

3. 国語科における「情報の扱い方」とはどのようなものか

　国語科における「情報の扱い方」とは，基本的には「話や文章に含まれている情報の扱い方」に関するものである。例えば，PISA型読解力*では情報の種類として，テキストのタイプ（解説，記述，物語，書式，表，図，図・グラフ，地図），テキストの形式（連続型，非連続型），テキストが作成される用途や状況（教育的，職業的，公的，私的）などに分けて示している。こうした多様な情報を取り出して整理したり，その関係を解釈したり，熟考，評価したりすることが，話や文章を正確に理解することにつながる。また，自分のもつ情報を整理して，その関係を明確にすることで，他者への伝達においても情報を活用し，適切に表現する力を身に付けることにもつながる。

　この新設された「情報の扱い方」は，従前の3領域（「A話すこと・聞くこと」，「B書くこと」，「C読むこと」）と1事項（「伝統的な言語文化と国語の特質に関する事項」）の指導内容を改めて「知識及び技能」として整理し直して，明文化したものとも言える。そのため，これまで言語活動の充実を図って積み重ねてきた過去の実践事例の中には「情報の扱い方」に関する授業づくりのヒントが既に多く含まれているとも言える。

　なお，「情報の扱い方」の指導においては，「知識及び技能」と「思考力，判断力，表現力等」を別々に分けたり，一方を習得してからもう一方を身に付けるといった順序性をもって育成したりするものではないことにも留意する必要がある。

4. GIGA スクール構想と ICT 活用の視点から

　現在，文部科学省は，GIGAスクール構想（Global and Innovation Gateway for All）を本格実施したことで，ICTを活用した個別最適な学びと，協働的な学びの実現を目指している。これにより，誰ひとり取り残されることがないよう，デジタル社会にふさわしいＩＣＴを活用した対面授業と，オンラインや遠隔による授業を組み合わせたハイブリッド型授業も模索し始めてい

る。こうした流れが急速に進んだのは，2020（令和 2）年の新型コロナウイルス感染拡大の影響による全国一斉の臨時休校で，前例や準備期間がない中で必要に迫られてオンラインや遠隔による授業を試みたことにも関係する。当時，全国の学校で ICT 環境やその活用の脆弱さが浮き彫りになり，結果的に早急な環境整備と GIGA スクール構想による 1 人 1 台端末の普及を後押しすることになった。

　その意味では，ICT に関する分野はまさに教育現場で"現在進行形"で進んでおり，今後，国語科においても学習材として扱う情報やその媒体は多様なものとなってくる可能性が高い。また，これまで ICT の活用は，主として指導者が学習者に対して分かりやすく伝えたり，提示したりするものであったが，今後は学習者が主体的・協働的に学ぶための思考・伝達ツールの一つになってくる。

　「情報の扱い方」は，学習指導要領で示された方向性と大枠を踏まえた上で，こうした社会の急激な変化や要請に柔軟に対応し，時に発展的に捉え直すことも必要となってくる。

参考文献・URL

杉本直美（2021）『Q&A で学ぶ 中学校国語新学習指導要領』学事出版.

全国大学国語教育学会編（2019）『新たな時代の学びを創る 中学校高等学校 国語科教育研究』東洋館出版.

文部科学省（2005）「資料 4 - 9　PISA 調査（読解力）の結果分析と改善の方向」https://www.mext.go.jp/a_menu/shotou/gakuryoku/siryo/1379665.htm（2021 年 8 月 18 日閲覧）.

（細田広人）

＊註
　OECD（経済協力開発機構）が義務教育最終学年生を対象に 3 年ごとに実施している国際的な学習到達度調査において読解力「自らの目標を達成し，自らの知識と可能性を発達させ，効果的に社会に参加するために，書かれたテキストを理解し，利用し，熟考する能力」が測定されるとされている。

Q 16　読書の指導法にはどのようなものがあるか

1．自由読書

　週に1回学校図書館に行って，好きな本を選んで読書するということが行われているとしたら，それは自由読書と言う。「宮沢賢治の本を1冊」，「△△学校の100選の中から5冊」のように，全くの自由でなくて指定図書の中から選択させるような場合も，ここに含める。自由読書で選んだ本について記録をとらせると，教師は生徒の読書傾向を把握することができる。

2．目的に応じて限定的に読ませる読書

　特に目的がはっきりしているときには，グラフィック・オーガナイザー（思考ツール）などを用いて何をどのように読みとるのかを限定して読ませる指導法がよい。物語の構造をとらえる「ストーリーマップ」，ある事柄の長所・短所・興味のあるところをとらえる PMI（Plus Minus Interesting），共通点・相違点を意識するベン図，既有知識を呼び起こしたうえで知りたいことを明確にして読むならば KWL（What I know, What I want to know, What I learned and still I need to learn）などを使用することができる。中学生・高校生には特に，I チャート（Inquiry Chart）に挑戦してほしい。I チャートは KWL をさらに発展させたもので，既有知識から知りたいと思っていることを複数疑問として設定し，その疑問について複数の本あるいは文献にはどのように解答が書かれているかを読み，それを一覧表の形にまとめていくものである。

3．比べ読み・重ね読み

　複数のテクストを読んでいく方法である。同じようなタイプのテクストで比較すべき項目が明瞭な場合を比べ読みという。前述の I チャートも一種の比べ読みである。重ね読みは，異なるタイプのテクストを読む時に使われて

いる。書評を読んでからその書評に取り上げられている本を読む，ある作家の小説を読む際にその作家の伝記も読む，難しい知識内容の本を読む際にその知識を事典や絵本で調べて理解してから読むなどの方法が考えられる。

4．読んだ本の紹介

ブックトークは，あるテーマに基づいて複数の本を順序よく紹介していくもので，生徒に適切な本を紹介したり，読みたい気持ちにさせたりするために，もとは教師や司書などによって行われてきた。最近では，生徒によるものも行われている。

ビブリオバトルは，谷口忠大が大学生で始めた「知的書評合戦」で，発表者が自分で読んで面白いと思った本を持参し，その本を5分などと時間を決めて紹介し，紹介された本について質疑応答が行われる。それを複数人繰り返した後，最も読みたくなった本に投票し「チャンプ本」を決定する。

この他，読書新聞，読書郵便，読書感想文，書評，ブックレポートなど，様々な形式で書く紹介の方法がある。

5．集団読書の方法

読書へのアニマシオンは，生徒に2週間ほど前に本を渡しておき，その本について「作戦」と呼ばれる様々なゲームを通して読み方を学ばせるという方法である。

リテラチャー・サークルは，教師が紹介した複数の本の中から同じ本を選んだ生徒3～5人でグループ編成をする。生徒は，グループで読む範囲，読む役割を決め，複数回にわたって役割に従って読んできて話し合うということを繰り返しながら，1冊の本を読み切るという方法である。

インクワイアリー・サークルは，5人程度のグループになり，グループの課題を立て，それぞれが様々なものを読みグループのメンバーに報告し，解答を導き出して，発表するという探究学習の方法を用いたものである。読む物は本だけでなく，記事やウェブサイトの情報など，様々なものが含まれる。

パートナー読書は，生徒がパートナーと読む本を決め，決めた本を個別に読んできて，自分が考えたことについてパートナーと話し合ったり手紙交換を行ったりするものである。

6．筆者想定法・読者想定法

筆者想定法は，もとは倉澤栄吉によって1970年代に開発された主に説明的文章などを読む際の方法である。想定というのは，筆者が考えていたであろうことを想像して定めていくということである。筆者想定法には第１次想定（文章作成の動機や意図を想定する），第２次想定（取材，構想の過程を想定する），第３次想定（筆者と直接に対面し，読み手の世界を拡充する）の３つの段階があるという。書かれている内容を読み取るだけでなく，その内容がどのような筆者の考えによって記されていくのかを考えるというこの方法は，様々な人が筆者になりうる現代において，特に重要な方法であると言えるであろう。

読者想定法は，本や文章をどんな人が読むか，読者を想定していく方法である。想定した読者に名前を付け，立場や性格など決めたうえで，その人だったらどう読むか，読者反応を想像するという読み方である。

筆者想定法も読者想定法も時間がかかるので，頻繁に行うものではなく，読書というものの本質的な仕組みを知る授業を行う際に用いたい。

参考文献

稲井達也・影山陽子・松崎史周（2019）『高校生・大学生のための読書の教科書 ― アウトプット力を高める11のワーク』学事出版．

（足立幸子）

Q 17　中学校における書写の指導について述べなさい

1．書写指導のねらいを正しく理解するところから始める

　国語科における書写指導のねらいは，日常生活や他の学習活動において文字を効果的に書くための書写力の基礎を育成することである。具体的には，正しい字体の知識に加えて，整った読みやすい文字を効率的に書くための知識・技能の習得を図るとともに，相手意識や目的意識を大切にして，状況に応じて文字の大きさ，書く速さ，筆記具の選択などを適切に判断して効果的に書く力の習得を図ることを目指す。また，書写技能の系統的な学習を通して文字感覚を磨くとともに，身の回りの文字文化に関心をもち，文字を尊重する態度を養うなど，我が国の豊かな文字文化を継承・創造していくための基礎を養うことも重要なねらいとなる。特に中学校においては，スキル指導の側面だけでなく，文字文化に関する教養的素地の育成という視点も大切にして指導に臨む必要がある。

　表現や鑑賞を中心とする高等学校の芸術科書道のねらいと混同した授業がよく見られるが，文字言語による円滑なコミュニケーションに資するという書写指導の方向性を見失わないように，ねらいを正確に理解するところから始めなければならない。

2．中学校で重点的に指導する内容への理解を深める

（1）行書の基礎的な書き方への理解
　スキル指導の側面から言えば，中学校では，速く読みやすく書く力の育成に重点を置き，漢字の行書とそれに調和する仮名の指導を中心に展開する。行書は，子どもにとって初めて学ぶ魅力的な書体であるが，今日の指導者にとっても馴染みが薄く，知識不足がよく指摘されるところである。

◆伝統的な行書と今日的な行書
　書写指導で扱う行書は，楷書の速書形として捉えられている。「行書は隷

表3-17-1　行書の特徴

	全体の印象	点画の形状			
楷書	直線的	一点一画が明確である			
行書	a 曲線的	b 終筆（とめ，はね，払い）や方向・長さが変化することがある。	c 点画間の筆脈が実線化することがある。 （筆脈の連続）	d 前画の終筆部と次画の始筆部とが直接連続することがある。 （直接連続）	e 点画が省略されることがある。

書を基盤として成立した」という史実とは異なるが，伝統的な行書から抽出・一般化した書き方の要素と今日の日常書体である楷書とを関連付けて把握した方が，フォント時代の日常に行書の学びを生かしやすいからである。

◆行書の特徴と筆速との関係への理解

　一点一画を丁寧に書く楷書に対して，行書には速さが求められる。表3-17-1のa～eの特徴は，速く書く中で表れる字形上の特徴である。aは速く書く際の遠心力による形の変化であり，b，d，eは速く書きやすい形への変化である。また，cは三次元的に筆路の最短距離をとろうとした結果である。

（2）文字文化への理解

　中学校の書写指導では，「文字文化」も重点的に扱う内容である。調べ学習など，スキルの系統的指導とは異なるスタイルの指導が求められるので，文字文化に対する指導者の理解も漠然としたものであってはならない。

　改めて身の回りを見渡すと，手書き文字，活字，デザイン文字，点字などの様々な種類の文字や，鉛筆，ボールペン，毛筆，紙，布，板，石などの多様な用具・用材があって，社会の中でそれぞれの役割を担っている。文字文化は，文字の成り立ちや歴史的背景といった文字そのものの文化の側面はもちろんこと，生活における文字の役割や意義，表現と効果，文字を書く際に使用する用具・用材といった文字の周辺も含めて把握しなければならない。生徒が，身の回りの文字やその周辺の多様性に気付くことができる機会や，多様な文字の存在意義を考える機会など，文字文化の豊かさに触れる機会を積極的に設けることが肝要である。

3．中学校で重点的に指導する内容の指導方法を工夫する

（1）基礎的な行書の指導方法

① 書写の指導方法の一般的な考え方

　書写技能は，典型教材で理解・練習し，それと同一・類似構造の応用教材で反復・応用することによって，認知的にも運動的にもより確かな定着を見せる。したがって，授業においては，大きく「書写技能の理解を図る方法」，「書写技能の定着を図る方法」の２つの枠組みにおける工夫が求められる。

②「書写技能の理解を図る方法」と行書の指導

　楷書との字形上の相違点を行書の特徴として整理し，両者が異なる理由を考えることで，速書性という行書の原理的な部分への理解を図る。次に，例えば，「連続」という特徴を，「横画から横画へ（二）」，「左払いから横画へ（∠）」といった点画の移動パターンにそって秩序立てて整理することで，行書の特徴を一般化された行書スキルとして理解させる。

③「書写技能の定着を図る方法」と行書の指導

　行書の特徴ごとに，試書を通して自身のスキル上の課題を抽出し，練習の工夫と批正とを繰り返しながら解決を図るといった課題解決型の指導を行う。さらに，書写スキルの日常化を徹底するために，硬筆で応用練習をしたり，運用能力の育成を意図した活動を取り立てて組織したりする。

（2）文字文化の指導方法

　身の回りの文字の役割と意義，表現と効果などについて調査し発表するといった指導がよく行われるが，その多様性を知るだけではなく，文字文化を主体的に継承・創造していく担い手としての自覚を生徒にもたせることが肝要である。そのためには，調査した個々の内容について文字文化としての価値（「よさ」）を話し合うなどの交流活動が必要である。このことは，高等学校の芸術科書道への接続の観点からも言えることで，調査を通して単に「書」という身の回りにある伝統文化の存在に気付くだけでなく，現代の社会生活や日常生活に生きる文化としての「書」の価値を認識できるところまで深めたい。

（松本仁志）

第4章

国語科の評価法

Q1 国語科の評価法にはどのようなものがあるか

1. 国語科の評価法の種類

　国語科の評価にあたっては，評価の目的や評価主体，評価対象などに応じて，様々な評価法を適宜選択したり，組み合わせたりする。観点別学習状況評価の3観点で見てみると，「知識・技能」の評価に対しては，事実的な知識やその概念的な理解を問うペーパーテストによる評価があげられる。「思考・判断・表現」の評価に対しては，論述やレポートの作成，発表やグループでの話し合い，作品の制作などの活動及び，それらをまとめたポートフォリオによる評価があげられる。「主体的に学習に取り組む態度」の評価に対しては，ノートやレポートの記述，教師による行動観察や生徒による自己評価・相互評価による評価があげられる。

　近年は特に，「真正の評価」の考え方に基づいて，身に付けた知識や技能を現実世界で活用できるかどうかという高次の学力を評価することが求められている。「真正の評価」は，1980年代のアメリカにおいて，標準テストがテスト場面という特殊な状況下での学力しか評価していないのではないかと批判されたことを背景に提唱された考え方である。標準テストにかわる新たな評価の形式として，現実世界で生きて働く本物の学力を評価しようとするものである。

　以下では，こうした高次の学力を評価するための方法として，日本で1990年代後半以降に提案されたパフォーマンス評価とポートフォリオ評価という2つの評価法を取り上げる。

(1) パフォーマンス評価

　パフォーマンス評価は，概念の意味理解や知識・技能の総合的な活用力を，作品や実演を通して直接的に捉えようとする評価の方法である。特に，狭義のパフォーマンス評価では，現実的で真実味のある場面を設定した複雑な学習課題であるパフォーマンス課題に取り組ませ，その過程や成果物について

評価する。なお，パフォーマンスを質的かつ総合的に把握するにあたっては，成功の度合いを示す尺度と，それぞれの段階に対応するパフォーマンスの特徴を記述した評価基準表（ルーブリック）を用いる。ルーブリックは，学習者の実際の作品や実演などを基に作成され，実践を重ねることでより多くの事例が集まると，それに合わせて更新される。また，ルーブリックを学習者と共有することによって，学習者が評価活動に参加するためのツールとして機能させることができる。

（2）ポートフォリオ評価

　ポートフォリオ評価は，学習の成果物やその過程における様々な資料を蓄積したファイルを使って評価する方法のことである。ポートフォリオは，ファイルに何を入れるかという基準の決め方によって3種類に分けられる。

　学習者が残したいものを入れておく「最良作品集ポートフォリオ」，何を入れるかについて教師と学習者とが一緒に決める「基準創出型ポートフォリオ」，教師が基準を予め決めておく「基準準拠型ポートフォリオ」である。

　ポートフォリオは，学習者による自己評価のためのツールの一つである。学習者が評価主体となる自己評価は，評価することを教師による学習の改善に活かす「学習のための評価」として機能するだけでなく，評価すること自体が学習者の自己評価力を高める「学習としての評価」として機能するものである。的確な自己評価を促すためには，教師対学習者や学習者同士といった他者と対話する機会を設けることが有効である。例えば，作成したポートフォリオについて交流する検討会は，学習者が自分自身の成果を披露する機会であるとともに，他者とのやり取りを通して次への目標や見通しを明確化できるようになるための学習の機会でもある。

2．国語科における評価法の開発

　これまで説明してきた評価法は，広く教育学領域で用いられているものを，国語科でも活用しようとするものである。しかし，ここで示した評価法に限らず，国語科の学習活動では様々な場面で評価という行為が行われている。教師は，国語科の学習活動における学習者との日常的なコミュニケー

ションを通して，学習者に関わる様々な情報を把握している。学習者もま
た，学習活動で生じる他者とのコミュニケーションを通して，自分自身や学
習活動に対する認識を深めている。そのため，学習活動の中で生じる様々な
コミュニケーション自体を評価法という視点で捉え直すことによって，国語
科の学習活動の中から評価法を開発していくことも可能だといえる。具体的
には，活動の中で生じる教師と学習者や学習者同士のコミュニケーションが
果たしている役割を意識的に見直したり，学習者が自分自身や学習活動に対
する認識を深めていく過程自体を表出させる工夫をしたりすることによっ
て，国語科から新たな評価の方法を提案できる可能性がある。

　加えて，平成29年改訂学習指導要領では，国語科が言語活動の充実の要
とされていることと関連して，他教科における言語活動を通した評価の要と
して，その知見を他教科に活かすことも可能である。他教科においては言語
活動自体が，当該教科で育む資質・能力を評価するための方法の一つとして
機能することがある。そのため，国語科の教師と他教科の教師とが，評価法
という視点から言語活動について知見を深め合うことも有益だといえる。

参考文献

菊田尚人（2016）「国語科における評価の方法に関する研究の批判的検討
　　　　― 評価の目的の違いに着目して」『人文科教育研究』43, pp.69-81.
国立教育政策研究所（2020）『「指導と評価の一体化」のための学習評価に
　　　　関する参考資料　中学校　国語』東洋館出版社.
田中耕治編集代表（2020）『2019年改訂指導要録対応　シリーズ　学びを
　　　　変える新しい学習評価　理論・実践編1　資質・能力の育成と新し
　　　　い学習評価』ぎょうせい.
西岡加名恵・石井英真・田中耕治編（2015）『新しい教育評価入門 ― 人を
　　　　育てる評価のために』有斐閣.

（菊田尚人）

Q2　国語科における事前評価とはどういうものか

1．事前評価の意義と目的

　単元や授業を計画する段階で，教材分析によって得られた情報に加え，学習者に関するさまざまな情報を事前評価によって把握し，効果的に利用することで設計する学習の展開やゴール学習活動を，能力差のある中学生に広く学習効果を生み出すよう吟味することを可能にする。こうした「指導と評価の一体化」を進めるためには，教師の教材理解や国語学力，言語活動への理解を基盤に据え，「内容のまとまり」ごとに学習目標や学習活動を明確にし，「評価計画」を立てることで長期的な学習計画に「PDCAサイクル」を埋め込んでいく必要がある。

　事前評価は，単元の事前評価と個々の授業における事前評価とに分けられる。近年，「深い学び」を追求するにあたり，深まりを生み出すための学習の構成が単元レベルで求められるようになり，単元計画に資する事前評価の重要性が増している。

　さらに，事前評価の果たす役割はカリキュラム・マネジメントの観点からも重要性を増している。事前評価は，単元と単元，授業と授業をつなぐ役割をもっており，既習事項に対する学習者の理解度や習熟度を情報として得ることで，長期的な観点からこれから行う単元や授業を位置付けることが可能となり，単元や教材を結んで，言語能力や読解力を育成するための継続的な学習計画を作成することが可能となる。

　また，事前評価によって得られた情報を学習者と共有することで，学習者自身が探究したい学習課題を明確化することにつながる。さらに，中学校では扱う教材の分量が多いため，他の学習者の興味，関心や学習課題に触れることで学習が焦点化され，新しい学習に取り組んでいくための目的意識や他者意識を誘発することにつながり，学習集団作りの観点からも効果がある。さらに，学習計画に生徒を参加させる場面などを連続させることで，学習に

向かうための力を育む学習を生み出すこともできる。

２．中学校国語科における事前評価の実際

（１）「読みの授業」における事前評価

　事前評価は従来，診断的評価として位置付けられており，これから行われる学習に対する学習者の興味・関心や必要とされる能力の有無などが評価の対象となり，学習者個々人の学習への適応度を判断するために行われていた。

　読解指導においては，詩教材や物語文教材の場合には，作品の構成要素，つまり題名や登場人物，場面や登場人物の言動など，初読を終えた学習者に対して，教材に対する興味や関心が教材のどの部分に向けられているのかという点を把握することで，学習者個々人の，もしくは学級全体の読みの出発点を具体的に措定することが可能となる。それを学級全体で共有し，吟味し合う導入段階での学習を設定することで，学級全体で追求したい学習課題を明確にし，生徒に授業への主体的な参加を促すことができる。

　また，初読の感想を学級全体で共有する場面を作ることで，教師だけでなく学習者にとっても事前評価の結果が効果をもつことになる。自分とは違う要素に興味をもっている友達に出会うことで，読みの多様性や異質性を見いだす機会となり，授業の中で他の学習者の読みに対して興味をもつきっかけとなり，「みんなで読む」ことの基盤作りとなる。

　論説文教材の場合には，教材の中で扱われている内容を「どの程度知っているか」，もしくは「実際に経験したことがあるかどうか」といった学習者の生活経験や既有知識との関係性を把握するための事前評価が行われることが多い。これは，題名読みなど，初読より前の段階で行われることもあり，教材で扱われている筆者の問題意識に対して自分なりの考えをもたせる学習を置くことで，生徒がどの程度リアルに，自分のこととして教材を捉えているのかということを把握することが可能となる。また，総じて新出漢字や語句など，音読の難しいところや意味の捉えにくいところなどを事前評価によって把握しておくことで，読解学習の学習過程に効果的に言語事項に関す

る学習を埋め込むことが可能となる。

（2）言語活動における事前評価

　授業において言語活動を行う場合には，取り立て指導の場合には指導の開始時期に，読解学習に埋め込んでいる場合には，活動の開始時期に事前評価を行う必要がある。事前評価によって得られた情報は活動の足場作りや動機付け，見通しをもたせる場合にも効果的に利用することができるからである。

　活動で扱う題材に対する興味や関心，リアルな感覚をもって自分のこととして受け止めているかどうかという点は，これから行う言語活動に対して学習者がどの程度主体的に取り組もうとしているのかという点を判断するための情報である。この点が低い学習者に対しては，導入の段階で主体性を喚起するアプローチを施さなければならない。また，活動そのものをどの程度理解しているか，どのようなポイントに難しさを感じているか，目的や手順，必要性や効果，ゴールに関する理解の程度を事前評価によって把握しておくことで，活動中にどのような支援を行う必要があるかということが明らかになる。

　さらに，話し合いや発表など継続的に指導する言語活動については，これまで取り組んできたことや意識させてきたポイントなどを想起させる事前評価を行ったり，例えば「発表すること」に対して学習者自身がどのように捉えているのかという点やどの程度の工夫が自覚的に行えるのかという点を捉えることで，言語活動の指導自体を長期的なカリキュラムとして計画することにつながる。また，生徒自身にも長期的な視点で言語活動を捉えさせることで，生徒自身が言語能力を自ら向上させていこうとする姿勢を形成することができる。

参考文献

国立教育政策研究所（2020）『「指導と評価の一体化」のための学習評価に
　　　関する参考資料』.

（松友一雄）

Q3　国語科における形成的評価とはどういうものか

1．概要

　形成的評価は，診断的評価，形成的評価，総括的評価という教育評価の3機能のうち，単元や授業の過程において指導と一体的に行われるもので，学習者の学習内容の理解や学力の形成に直接結び付く重要な機能を果たす。

　国語科における形成的評価は，「話すこと・聞くこと」，「書くこと」，「読むこと」，「伝統的言語文化」等の各学習領域の目標に照らし，学習者の教材理解や言語活動等の学習状況について，学習者とのやりとりを通じて方向性を修正したり，教師の指導方法や進度を調整したりするものである。

2．形成的評価における目標の設定と評価の方法

（1）目標の設定

　現代における教育評価は，目標がどこまで達成されたかという到達度（目標に準拠した評価）に基づいて行うものとされている。このことから，単元計画の段階で，最終的に身に付く学力がどのような現実的場面で発揮されるのかをイメージし，単元全体や各授業での目標を明確にしておくことが重要である。このことは，「逆向き設計」と言われる。

　1時間の授業の中で行われる形成的評価については，最終的な目標の達成に至る下位の目標を教材や言語活動の構造との関係において把握することが必要になる。形成的評価は，指導と表裏一体のものとして行われるため，段階的な評価基準を厳格に設定するのは難しい。むしろ達成させたい目標を明確にしたうえで，到達までの大まかな段階や，学習者がつまずきやすい点を予想し，そのための支援を工夫することが重要である。

（2）形成的評価の方法

　形成的評価は，授業における教師の発問やヒント，説明，指導的評価言のように口頭で行われるものと，板書やワークシート，ICTのように文字や図

によって示されるものとがある。

　発問は，到達したい目標を示すような大きな発問，達成するためのスモール・ステップや手がかりの発問というように階層性やプロセスを想定し，思考の流れに沿ったものになるよう工夫すべきである。また，指導的評価言は，教師が肯定的な声かけや励ましを行うことで，その後の学習活動の進むべき方向や理解の望ましい在り方を示唆し，より高い達成へと学習者を導くものである。一方，説明も，必要な情報を与えるだけでなく，学習者の反応を整理し，理解のポイントを明確に示すものであれば，形成的評価の機能をもつものとなる。板書やワークシート，ICTは，こうした教師の指導性を視覚化したものであり，発話と組み合わされることでその効果を発揮する。

　教師による評価の他，学習活動としての学習者同士の相互評価も形成的評価として有効な方法である。ペア活動や小グループでの話し合いの中で他の学習者の考えを聞いたり，言語活動の途中経過をもちより，相互に参考になる点や課題と感じる点をコメントし合うことは，自分の成果と課題を意識し，その後に続く言語活動の改善につながる。

3．各領域における形成的評価

（1）表現領域における形成的評価

　「話すこと・聞くこと」および「書くこと」という表現領域における形成的評価は，大きくは2つの段階が想定される。1つは，目標について知識やスキルを獲得する段階である。例えば，談話や文章の構成を工夫して表現することを目標とする場合，モデルとなるスピーチ原稿の例や文章例を用いて，談話や文章における表現の仕組みを理解する段階が設定される。そこでの形成的評価は，ある程度明確な基準による評価となる。

　その後の実際に学習者が表現活動を行う際の形成的評価は，はじめに学習した目標に照らしたものとなるが，必ずしも教師が全て個別に行うことができるわけではないため，学習者同士の相互評価が有効となる。その場合も，目標を意識させ，それに沿って評価を行わせることが重要である。

（2）理解領域における形成的評価

　理解領域である「読むこと」の単元は，題名読み，初読の感想，問いづくりなどではじめられることが多い。これらは，主に診断的評価の機能を果たすものと考えられるが，目標や学習課題の設定という点で，その後に行われる学習活動とも連続するため，形成的評価を行ううえでも重視したい。

　評論や小説の読みの学習では，教師の問いやワークシートに示された学習課題を中心に授業が展開されることが多い。その際，教材内容のみに依存せず，テクストを分析的にとらえるための方法を明確にし，それを学習者自身がどのように運用しているかという観点から評価を行うことが必要である。

　古典の学習においては，語彙や文法・句法など言語的な知識・技能の習熟のための形成的評価が多くなりがちである。より高次の学力が形成されるように，背景的な知識や情報を副教材として与え，それを元に原因や理由を推論的に解釈を得るなどの課題を設定し，そのプロセスを評価するような授業の改善と一体となった形成的評価を行うことが求められる。

（3）中長期的な形成的評価としてのポートフォリオ評価

　こうした学習過程を記録し，言語活動の成果物をファイルに蓄積しながら，学習者が学習をふりかえり，自己評価や相互評価を行うことをポートフォリオ評価と言うが，これは中長期的な形成的評価の一つの方法である。

参考文献

田中耕治編（2010）『よくわかる教育評価』第2版，ミネルヴァ書房．

ウィギンズ＆マクタイ（西岡加名恵訳）（2012）『理解をもたらすカリキュ
　　　ラム設計』日本標準．

宮本浩子・西岡加名恵・世羅博昭（2004）『総合と教科の確かな学力を育む
　　　ポートフォリオ評価法実践編』日本標準．

（間瀬茂夫）

Q4　国語科における総括的評価とはどういうものか

1．総括的評価の変遷

　総総括的評価は，一定期間の学習の終末時に行われる評価である。例え
ば，単元末に目標とする学力が定着しているか，年度末にカリキュラムの内
容をどの程度満たせたかを確認するために行われる。また，学業成績や入学
選抜に利用されるハイ・ステイクスな（学習者に大きな影響を与える）評価
でもある。我々は総括的評価として，期末テストや入学試験問題を想起す
る。ハイ・ステイクスな評価は，教室での学びを試験対策に駆り立ててしま
う側面が問題となってきた（テストの波及効果）。

　初期の教育評価を巡る議論は，教師にとっての評価が総括的評価に閉じて
おり，学習者を「値踏み」する側面や，基礎的な学力のみ評価する点が批判さ
れた。1970年代，総括的評価を，教師が指導を反省するための評価と捉え，
高次の学力を問う課題設計を行うことが訴えられた。一方，このとき脚光を
浴びたのが，指導中の評価によって学習指導を調整する形成的評価である。

　1990年代になると，高次の学力を問う役割を総括的評価に固定化して捉
える傾向や，時期的な区分のみによる形成的評価の形骸化が課題となり，学
習者の学びに資する評価としての形成的評価の役割を強調する「学習のため
の評価」（Assessment for Learning）が提唱される。一方，総括的評価は「学
習の評価」（Assessment of Learning）と呼ばれ，学業の判断材料として用い
られる評価と限定し，より客観的な評価方法の模索が課題となった。

　総括的評価の変遷を概括したが，本節では国語科における総括的評価の役
割をハイ・ステイクスな側面に限定せず，学習指導上の意義を考察する。

2．学習指導における総括的評価の在り方

（1）総括的評価を定期試験に限定しない

中等国語科教育において総括的評価というと，定期試験などの読むことを

中心としたテストが浮かぶかもしれない。そこから，教室での学びとテストで評価されていることにはギャップがあるという批判の声もある。しかしながら，総括的評価とは，定期試験に限らず，各単元の終末に行われる評価を指す。このように捉え直すと，話すこと・聞くことの授業で討論会をしたり，書くことの授業で意見文の作成をした経験があるだろう。こういった単元の中心的な言語活動も総括的評価として位置付けられる。一方で，先の批判の声は，こうした言語活動が，学習者にとっての学びの成果として捉えられていない可能性を示唆している。各単元で何を学びの目標とし，どのような成果として現れるのかを評価の視点から明確にする必要がある。

（2）評価から指導を構想する

このように考えたとき，総括的評価の意義の1つは，単元終末時の学習の成果を具体化できる点にある。国語科の学習指導の多くは言語活動を通して実践されるため，言語活動に相当するパフォーマンス評価を設計することで，教師は，期待する成果と学習者像を描くことができる。パフォーマンス評価は，現実の課題や状況に根差す「真正性」やパフォーマンスの到達度を区分するルーブリックを適切に設定することで，妥当性や一定の信頼性を担保できるとされている。

このようにパフォーマンスというゴールを明確にしたとき，次は，そこに向かってどのような指導と評価が必要になるかを考える必要がある。注意したいのは，パフォーマンスをとにかくさせればよいということではなく，よりよいパフォーマンスを行うために，学習者の学びの状況を捉える指導と評価を組み込み，学びを調整する機会を設けることである。

学習者が抱える評価のイメージを矮小化しないようにするためには，単元末の総括的評価が，国語の学力を伸ばすのに役立っているという意識をもてるようにしなければならない。そこで重要になるのが，学習の成果や到達度の振り返りである。パフォーマンスの向上に寄与したのはどんな見方や方法が有効だったのか，など，単元の中で，学びの成果を意味付けてくのである。

このとき，教師と学習者が共有できるルーブリックを作成することを意識したい。

　討論会で「建設的に話すことができている」とは具体的にどのような話し方や態度を指しているのか。読むことで「深い解釈ができている」とはどのような状態なのか，そのためにどのような読み方をしたのか。このような成果物を語るための記述語を作成することが，学習者の学びの振り返りを支える。

　このように，自律的な言葉の学び手を育成するためには，学習者も評価について学び，役立てることが期待される。その意味で総括的評価は「学習としての評価」（Assessment as Learning）の機会でもある。「学習としての評価」は，学習者に「テストだけが学びの成果を捉える」，「評価は教師が行うものである」という固定観念を崩す可能性がある。

　最後に繰り返しになるが，中等教育段階で意識したいのは，上述した各単元の中で学びを総括しようする意識である。学びと評価のギャップを埋めるために，定期試験をよりよいものにする教師もいるが，学びの全てを，理想的な形で試験に組み込むことは困難だ。一方で，パフォーマンス評価を中心とする高度な評価を毎回の単元末にすることも現実的ではない。実際には様々な評価を使用することになるだろう。そのとき，指導過程で起こる学習者の認識の変化や，パフォーマンスの向上など，多彩な学びの姿を掬い上げる機会の1つとして総括的評価を捉える姿勢が重要ではないだろうか。

参考文献

八田幸恵（2015）『教室における読みのカリキュラム設計』日本標準.

西岡加名恵・石井英真（2018）『Q&Aでよく分かる！　見方・考え方を育てるパフォーマンス評価』明治図書出版.

西岡加名恵・石井英真・田中耕治（2015）『新しい教育評価入門』有斐閣.

Peter Afflerbach（2017），*Understanding and Using Reading Assessment, K-12 3rd edition,* ASCD and the International Literacy Association.

（村井隆人）

第5章
国語科に固有な「見方・考え方」

Q1　中学校国語科に固有な「見方・考え方」とは どのようなものかを述べなさい

　2017年改訂学習指導要領では，「生きる力」としての資質・能力の具体化と教科の学びとの関連の明確化が図られた。すなわち，「何を理解しているか，何ができるか」，「理解していること・できることをどう使うか」，「どのように社会・世界と関わり，よりよい人生を送るか」という3つの柱で汎用的な資質・能力をとらえ，それに沿って教科の内容が整理された。

　「見方・考え方」は，この汎用的な資質・能力と教科の内容とを関連付けるものとして位置付けられている。学習指導要領解説によれば「見方・考え方」とは，物事をとらえる視点や考え方である。学習において教科固有の「見方・考え方」を働かせることは，知識・技能を相互に関連付けて理解したり，問題の解決のためにそれを活用して思考・判断しながら，自己の考えを形成しそれを表現していくことを，教科の文脈において物事をとらえる深い学びとして充実させる。またそれは，社会生活における教科を超えたさまざまな物事をとらえるうえでも，生きて働く「知識・技能」，未知の状況にも対応できる「思考力・判断力・表現力等」になるものと考えられている。

　また，国語科に固有な「見方・考え方」は「言葉による見方・考え方」であるとされている。ここには，国語科の学習対象は言葉と言葉で表される話・文章の理解・表現であるが，それに迫る方法もまた，言葉の意味，働き，使い方等に着目してとらえたり問い直すといった「言葉による見方・考え方」であることが教科の本質であるというとらえ方がある。

　こうした言葉によって言葉を学習するといった自己言及的な教科の特質を踏まえるならば，中学校国語科の学習において「言葉による見方・考え方」を働かせるには，「なぜそのような言葉・表現なのか」を問いかける思考を促すことが重要になる。例えば，そのような問いかけから文章中の言葉の意味・概念の広さ・抽象度に着目することは，例示と主張との関係を見分け，筆

者の現実認識の仕方や論理的思考の筋道をどのような言葉・表現で構成しているのかをとらえることになる。また，語られた言葉・表現をそこで選択されなかった別の言葉・表現と比較することは，そこに仕組まれているレトリックから登場人物の言動やその場面の意味を解釈し，物事の姿やイメージをどのような言葉・表現で描いているのかをとらえることになる。あるいは自己の言葉・表現に対する他者からの言葉を関係付けることは，目的や場面において伝えたい事柄の適切性や効果を評価し，他者との対話や協働をどのような言葉・表現で構築できるのかを探究することになる。

　このように国語科の学習において「言葉による見方・考え方」を働かせることは，生徒が感性・情緒を発揮し創造的・論理的思考を展開して，物事を認識しその姿を表すために言葉を道具的媒介として活用することであり，そうした活動を通して認識・思考の道具としての言葉の力を理解することである。またそれは，言葉によって鋭く切り出した物事の姿を他者との対話における承認・合意の過程で精緻化するということである。このことはまた，言葉によって相互主観的に物事の本質に迫ろうとする人文知を構築する方法と態度を身に付けていくということであり，よりよい社会や文化を創造していく力へと結び付いていく学びである。

参考文献

奈須正裕（2017）『「資質・能力」と学びのメカニズム』東洋館出版社.

竹田青嗣（2015）「人間科学の本質学的展開」小林隆児・西研編著『人間科学におけるエヴィデンスとは何か ── 現象学と実践をつなぐ』新曜社.

藤森裕治（2018）『学力観を問い直す　国語科の資質・能力と見方・考え方』明治図書出版.

松崎正治（2019）「国語科で育てる『資質・能力』と『言葉による見方・考え方』」グループ・ディダクティカ編『深い学びを紡ぎだす ── 教科と子どもの視点から』勁草書房.

（上田祐二）

Q2　高等学校国語科に固有な「見方・考え方」とはどのようなものかを述べなさい

1.「言葉」の本質論的特性としての「見方・考え方」

　国語科における「見方・考え方」とは，学習者が身の回りの諸事象や諸活動を「言葉」によるそれとして理解し，評価し，言葉によって創造するための方法的態度をいう。高校国語科の固有性は，この方法的態度の実践にあたり，「言葉」がもつ本質論的特性の把握が求められるところにある。

　以下，高校国語科において把握すべき本質論的特性について述べる。

　「言葉」を言語活動（ランガージュ）・言行為（パロール）・言語体系（ラング）の3次元で捉え，いわゆる記号的単位（シーニュ）としての「言葉」を，それが表す概念（シニフィエ）と表現（シニフィアン）との密接不可分な言語的本質体であると看破したのは，フェルディナン・ド・ソシュールであった。丸山圭三郎（2008）によれば，ソシュール理論の根底にあるものは，「言葉」が社会共同体において共有され機能する人間固有のシンボルであると同時に，シンボル化の行為そのものでもあり，かつまたシンボル化によって生成され継承される文化であるという認識である。

　概括的にまとめるなら，「言葉」とは，日本語，英語，フランス語などの名称で社会的に形成された言語体系によって運用されるとともに，その体系が個別の言語活動によって維持・変容・創造される一種の「動的平衡システム（代謝を連続させる限りにおいて安定を得るしくみ）」ということである。

2.「見方・考え方」における4つの構成要素

　上の本質論的特性をもとにして高校国語科固有の「見方・考え方」を定位する場合，その方法的態度を構成する原理は次の4つになる。

① 概念化：我々は「言葉」によってものごとを理解し表現するとともに，「言葉」はものごととの相互作用によってその概念枠が規定される。例えば米

を主食とする環境下で体系化された日本語は「稲・米・飯」といった表現で概念枠を細分するが，米を野菜の一種として摂取する英語圏ではrice一語しかもたない。逆に食肉と家畜とを識別するporkとpigは，「肉」に該当する和語のない日本語では，いずれも「豚」に包摂される。こうした概念化のありようが，それぞれの言語文化を特徴付けている。

② 線条性：「言葉」は，単位体の一次元的な接続関係，つまり一本の線を辿る形態によってのみ概念や構文上の役割や伝達意図（以下「意味」）が同定される（連辞関係）。例えば「武器」の「意味」は，「戦場で/武器を使用する」という場合と「甘い声は彼の武器だ」という場合とで異なる。また「休日は〇〇に行きたい」という場合，「〇〇」の部分には「山・海・公園・買い物」などを選択肢として挙げることができるが，複数の語を同時に伝達することはできない（連合関係）。

③ 文脈化：対話や文章など一定のまとまりをもつ「言葉」は，場面の状況や文章の接続関係によって独特の脈絡を有する。特にそれが対話的なものであった場合，先行する「言葉」の「意味」は後発の「言葉」によって規定される特性をもつ。例えば遅刻してきた友人に「何時に会うと約束したかな」と声をかけ，「ごめんね」という応答があったとき，最初の声がけの「意味」は時刻に関する情報要求ではなく，穏やかな非難・反省のうながし・友人が発話者に対して抱く心象といった「意味」を形成することになる。

④ 創造性：記号的単位としての「言葉」には，歴史文化的に形成・変容された「意味」がある。と同時に，「言葉」は社会共同体の中で新しい概念や表現に拡張される可能性をもっており，これが「言葉」における無限の創造性を担保する。例えば「露の世は露の世ながらさりながら（一茶）」に詠み込まれた「露」は，「冷たい物体に触れた水蒸気が凝結した水滴」を指示する和語だが，この物体の微細ですぐに蒸発する観察経験から，「わずか・はかなさ」という概念が付与されている。そしてこれが「露の世」という成語によって，「無常の人生」を象徴する「言葉」へと拡張している。「言葉」がもつこうした創造性を美的に昇華させようとした試みが，文学作品である。

3. 高校国語科新科目への敷衍

　前項に挙げた4つの構成要素をふまえると，例えば「現代の国語」の指導内容にある「言葉には，認識や思考を支える働きがあることを理解すること。」の捉え方が了解されよう。ここにいう「支える」とは，「言葉」が認識や思考を下支えすることではない。「言葉」なくしてあらゆる認識・思考は成立し得ないという意味での「支える」である。「言語文化」に示された「言葉には，文化の継承，発展，創造を支える……」にある「支える」も同様である。

　④の創造性にかかる「見方・考え方」は，「文学国語」における学びの大前提である。この「見方・考え方」をふまえれば，文学とは，ある言語体系の中で運用される言語表現を組み合わせることによって，読者の「言葉」に新たな「意味」を産出するシステムとみることになる。そしてその「意味」産出のメカニズムを把握することが，「文学国語」における主要な学習である。

　上の「見方・考え方」は，「論理国語」における評論や随想，「言語文化」や「古典探究」における古典文学作品を読む場合についても当てはまる。ただし古典の場合は，通時態としての「言葉」が歴史文化的にどのような「意味」を形成し変容してきたのかという問題が学習の本義となる。例えば「か弱い存在への愛憐の情」として成立した「うつくし」は，中古には「可愛らしさの情」が中心概念となり，現代では「質的に整っていてうるわしい」に転質している。こうした「言葉」の歴史文化的なあり方に関心をもつ方法的態度が，古典を素材として学ぶ際の「見方・考え方」となるのである。

参考文献

藤森裕治（2018）『学力観を問いなおす — 国語科の資質・能力と見方・考え方』明治図書出版.

丸山圭三郎（2008）『言葉とは何か』筑摩書房.

オースチン・J・L（坂本百大訳）（1978）『言語と行為』　大修館書店.

（藤森裕治）

第6章

国語科学習上の困難点

Q1 話すこと・聞くことを学ぶ難しさとは

　話すこと・聞くことを学ぶことは，やさしいとも言える。学校に通う前に，文字の読み書きや計算はできなくても，生活会話は話せるようになっている。にもかかわらず，難しいというのは，一通りの生活会話に止まらない能力が期待されているからである。例えば，話された内容を信頼に足る内容かどうか判断する批判的思考力は，読み書く場合以上に瞬時の判断が求められる。人前で話をする独話は，音声に関する大きさ，速さ，明瞭さなどの技能のみならず，話す内容の構成，音声表現ならではの表現技法の活用，服装や身振りまで多様な要素の総体として評価される。それゆえに学ぶことも教えることも難しい。ここでは，主として音声言語であることによる難しさ，リアルタイムの内省活動を伴う難しさ，そしてそれらと関連して教材作成の難しさの観点から述べる。

1. 音声言語であることによる難しさ

　演劇やアナウンサーを志望すれば，当然行う発声練習。声が小さいとか滑舌が悪いとか，発音発声に関する問題を抱える学習者はそれなりにいる。しかし，注意したら治るという簡単なものではない。改善しようと気付かせ，具体的なアドバイスをすることと，その後の気長な見守りが求められる。場合によっては専門的な訓練を継続的に行う必要もあるが，そのような特殊な場合は専門機関と繋いでいくことが仕事になる。

　音声言語であることによる難しさの多くは，共有する場の中で時間とともに過ぎてゆくコミュニケーション活動ということにある。話されては消えていく音声を場の状況の中で総合的に理解し，反応する必要があるということだ。よくできている学習者を称揚する形で注意を喚起することはできるが，それをするためには，教師と学習者はその場面を共有しなくてはならない。つまり，グループごとに活動している状況では指摘できないということだ。

近年，手軽に動画を撮影再生できる環境が整いつつあるので，その活用に期待するが，取り上げる場面を選ぶのは教師である。録画だけで解決することにはならない。

2．内省活動を伴う難しさ

「聞く力を育てる国語学習」（『月刊国語教育研究』389号）という特集で，安居總子は，〈聴く力（聴解力）〉と〈聞く力〉とを分けてきく力の能力表としてそれぞれ15項目と14項目を示している。一部を示すと以下のようである。

〈聴く力（聴解力）〉

2　話し手の話の内容−論点，見解，立場，解釈，材料をつかむ・まとめる・自分と比べる

4　メモする・メモの方法・メモからのまとめ方などを身につける

6　話の展開を予測しながら，価値づけ，方向づけをおこないながらきく

9　二人または数人の話をきいて，共通するところ，違うところに注意しながら，きき比べる

14　目的・必要に応じて情報を選択する

〈聞く力〉

3　きこうという気持ちできく（積極的にきく）

9　よくきく，ききいれる（共感しながらきく）

13　人の話をきいて，また話のきき方を見て，自分の音声言語生活に役立てていこうとする（発声・発音・声の大きさ・速さ・用語の適否・語彙・敬意表現・文末表現・指示語の使用・主述の呼応・接続のしかた・話の組み立て・話題・話し方・きき方など）

　いずれも番号の若いものは，小学校で指導すべきものとする一方，中学校においても生活場面で繰り返し指導する必要があるとしている。2つの「きく」の区別は難しいとしているが，〈聞く力〉は態度姿勢に関するものになっており，〈聴く力（聴解力）〉の方は，話の内容に対する認識思考に関するものになっている。この能力表は「きく力」について示されたものだが，話し合いにおいても同じことがいえる。話されたことを刺激として受け止め

批判的思考を含む自らの思考を展開していくわけである。認識思考に関わる学習内容は大きな部分を占めている。この部分が身に付くことによって国語以外の話し合い等においても学習力として機能するものになる。この部分にかかる学習の成果は，学習者の発言に現れるものもあるが，一人ひとり確かめることは難しい。話すこと・聞くことの単元に止まらない粘り強い指導が求められる。

3．教材作成の難しさ

　教科書が印刷されたものであるという限定によって，話すこと・聞くことに関する教材が大きな制約を受けることは周知のことだが，補助教材としての提供は随分と改善されてきた。しかし，学習者自身の話し言葉を対象にするという点では，予め教材を用意するということができない。プレゼンテーションや話し合いの活動を組織することと併せてそこで展開されるパフォーマンスを学習対象として捉えていく視点が必要になる。安居の〈聞く力〉の13の教材化である。教室で起きていることに敏感に反応できる教師の力量が，今起きていることを活きがいい教材にする。

参考文献

日本国語教育学会編（2004）「特集　聞く力を育てる国語学習」『月刊国語
　　教育研究』No.389.

位藤紀美子監修（2014）『言語コミュニケーション能力を育てる — 発達調
　　査をふまえた国語教育実践の開発』世界思想社.

（田中智生）

Q2　書くことの力を育てる難しさとは

1．国語科と日常生活

　初等，中等国語科教育に共通する視点として，書くことをとらえる対立的な2つの考え方から，書くことの力を育てる難しさについて述べる。

（1）書くことのとらえ方

　国語科では書くことについて大きく2つのとらえ方がなされてきた。1つは書くことを国語科の領域としてとらえるものである。この場合，書くことは文章構成（はじめ・なか・おわりなど），内容（考え，理由など），機能（目的，相手，場面など），種類（記録，報告など）等により，体系的なまとまりとして把握される。もう1つは，日常生活全般の領域においてとらえるものである。この場合，書くことは生活の様々な次元に結び付いた総合的な活動として把握される。この2つは教育上の立場の違いにつながり，時には対立を伴った議論が繰り返されてきた。

（2）2つの領域の関係

　前者は国語科としての書くことを体系化し，指導内容を系統化して示す。その反面，個々の学習者の具体的な書くことの力の実質が授業者にとって見えにくくなる。後者は他教科や日常生活との連続性を視野に入れ，実生活に即した書くことの力の把握につながる。一方で，個別の具体的な書くことに焦点を当てるため，国語科としての書くことの力の把握が難しくなりがちである。

　前者と後者は分離できず，いずれかの選択によって書くことの力を把握できるわけではない。書くことの力は，国語科の領域における体系的なまとまりとしの書くことと，日常生活の領域における広がりをもった書くこととの関係において把握できる。

（3）指導過程において書く力をとらえる

　書くことの力を育成するために，授業者は2つの領域の関係に基づいて国

語科の書くことの単元の目標と内容が学習者にとってどのようにして学ばれていくのかという流れを想定し，具体的に指導課程を組み立てていくことになる。「読むこと」では教材文を参照しながら具体的に指導内容を想定できる面がある。それに対して，「書くこと」では学習過程の各段階における指導内容が学習者の側からどのように学ばれていくのかという流れを想定し，指導を行う必要がある。

2. 個性化と社会化

中等国語科では，学習者は社会や文化に広く関わりながら書くことを学んでいく。そこで重要となるのが個性化と社会化という観点である。

（1）中等国語科におけるジャンル

中等国語科では，基本的に説明・記録・意見・批評（説明的），案内・手紙・電子メール・報告（実用的），詩・随筆・短歌や俳句・物語など（文学的）のジャンルを通して書くことを学んでいく。各ジャンルの特徴は，言語活動例を精緻化し，単元の目標と内容に沿って指導過程を具体化する助けとなる。

従来，国語科ではジャンルを大きく「社会通達」と「自己表現」に分けてきた。社会通達とは主に報告や意見，手紙など書くことであり，伝え合いと社会生活への適応に重点を置く。自己表現とは，物語や詩などの書くことであり，物の見方や感じ方，そして個性の開発や伸長を重視する。

（2）2つの方向性の関係

自己表現と社会通達は，個性化と社会化という考え方に連続している。個性化は自発性を尊重し，個性の育成を目指す。一方，社会化は現実の社会への適応，順応をねらいとする。ただし，個性化と社会化は，相互に一体となって書くことの原理を構成する。その原理とは，他者に向けて自己を開くと同時に他者を通して自己に収斂する作用をもつというものである。個性化（ありのままの自分を出すこと）と社会化（社会に適合し順応すること）は，相反する方向性でありながら表裏一体となって書くことを形作る。書くことの力の育成は，個性化と社会化のどちらか一方の選択ではなく，両者の矛盾を止揚するところに実現される。

（3）自己拡充と自己確立

個性化と社会化の矛盾をふまえた場合，書き手が外の世界へ自己を開いていくという「自己拡充」と，外の世界への関わりが自己へ収斂するという「自己確立」との間の動的均衡において書くことをとらえることが重要となる。

この動的均衡は，物語，意見，報告などあらゆるジャンルについて認めることができる。同時に，物語，意見，報告のそれぞれにおいて自己拡充と自己確立，その間の動的均衡の実質には違いがある。書くことの力を育てるためには，各ジャンルの特徴をふまえつつ，動的均衡の連鎖として指導過程を構想し実践することが求められる。

3．書くことの力を育てるための領域

書くことの力を育てる難しさは，国語科の領域と日常生活，個性化と社会化といった2項の間に，書くことの力の育成のための独自の領域を見いだしながら単元の目標に沿って教材を組み立てるところにある。中等国語科教育では，指導事項に基づいた書く活動を積み重ねる中で，書くことに関連する広範な事象や活動，そして多様な情報や資料に関わりながら，学習者が自己を広げ，自己を認識し確立していくことが重要である。

参考文献

甲斐雄一郎（1995）「国語科における二つの教育内容」『人文科教育研究』22，pp.189-196.

甲斐雄一郎（2018）「初等国語科教育の構造と変遷」塚田泰彦ほか編『初等国語科教育』ミネルヴァ書房，pp.13-20.

湊吉正（1987）『国語教育新論』明治書院.

宮寺晃夫（2002）『教え（ティーチング）の分析』筑波大学教育哲学研究室.

大内善一（1996）「文章表現教育の向かう道」田近洵一編『国語教育の再生と創造』教育出版，pp.100-113.

（小林一貴）

Q3 話すこと・聞くことの力を育てる難しさとは

　話すこと・聞くことの指導の難しさは以下のような点にある。

（1）話す・聞く姿は捉えにくい

　話す活動や話し合い活動は文字と違ってその場で消え，形に残らないので捉えにくい。ましてや聞く行為の内面は見えないため，いくら生徒の聞く姿を観察しても，どのように聞いているのか推察するしかないもどかしさがある。また，一斉授業の場合，黒板の前で教師が教室全体を見渡す形態をとっている限り，話している生徒は別として，聞いている一人ひとりの状態を見取ることには限界がある。

困難克服への手がかり

① ICTを活用して生徒の実態を可視化する。タブレットで話合いを録画し，その場で投影することもできるだろう。小グループで話し合いをするときに模造紙に話し合いの地図を書きながら話し合わせることも有効である。話し合いの地図とは，模造紙の中央に話し合いのテーマを書き，それに関する自分の考えを各自が書き込む。それをお互いに見ながら意見を交換したり発展させたりし，メモ書きで書き足して広げていく共同メモスペースである。矢印で意見を繋げてみたりしながら多様な意見が地図のように書き広げられていくもので，これがあれば教師がグループに入るときに，話し合いの経過や内容が一目で見取ることができ，適確なアドバイスも可能になる。

② 聞く行為は相手の話を聞いた後の聞き手の発言によって見取ることができる。例えば，「納得！」，「もうちょっと説明してくれる？」，「今の意見を聞いて思いついたんだけど…」，「それはこういうこと？」，「自分だったら…」，「じゃあこうすればどう？」などの発言である。これらの発言が現れるということは，次のような聞き方をしていることを示している。相手の考えを共感的に理解しようと聞いている。相手の発言の意図や背景を聞こうとしている。自分と比べながら聞いている。意見の妥協点や新しい考

えを生み出そうとして聞いている。これらの発言を手がかりにすれば生徒がどんな意識で相手の発言を聞いているかを判断することができよう。逆にいえば、これらの発言を教師が率先して使いながら生徒の発言を聞くことによって、望ましい聞き方の示範を示し、それを通して体験的に理解させることができるだろう。

③ 話し合う活動サイズを小さくして生徒一人ひとりの発言機会を増やしたり、教師が黒板の前から退き、生徒のやりとり中心に展開する学習を後ろや側面から見守る授業スタイルが望ましい。このスタイルをとれば、教師に生徒を観察し、その表情や発言から思いを汲み取る余裕が生まれるからである。

（2）話すこと・聞くことの力の特性からくる難しさ

① 当該領域の能力は、対人的な活動において発揮されるものであるため、個人固有の力として指導するだけでは対応できない特性がある。

② 当該領域の力は社会的能力であるため、学級という小さな社会であるが、そこで学び生活する生徒集団全体に働きかけ、学級社会に聞き合い話し合って進める学びの文化を育てていく視点が必要である。

困難克服への手がかり

　対人間の相互作用に目を向け、そこで生まれるよい現象こそが指導すべきものだと考えよう。1人では思いつかなかったことが話し合うことで気付いたというような、聞き話すことの生産性の体得こそが生徒に教えたいことなのである。チームで知恵を合わせて問題探究・問題解決したり、アイデアを創出したりする力を育てる意識で当該領域の指導に臨みたい。

　また、聞き合い考えを出し合っていこう、それが勉強というものだという価値観を学級の中に育み、共有していくことで、聞く・話す・話し合う活動が本物になる。集団に生まれた仲間意識、帰属感、発言を否定されない支持的雰囲気。これらの形成が学習を進めるうえでの土台をつくる。そのためにはお互いの良さを発見し、認め合う関係を作ることが大切である。まず教師が話し手の良さを発見する受容的な聞き方を示範するのがよいだろう。そうすれば生徒の中にそのような聞き方をするものが現れてくる。そういう関係が教室に居心地良さをもたらす。その土壌の中で、教室に、聞く話すことに関

する望ましいグラウンドルールを築きあげていくのである。それも生徒の中から現れた望ましい姿からボトムアップで。このような指導を通して対人的社会的な能力である話す・聞くことの能力は育っていくのではなかろうか。

（3）指導内容の曖昧さがもたらす難しさ

① 当該領域の指導内容が漠然としており捉えにくい。そのため生徒の成長を見取る指標が立てにくく，従って評価が難しい。

この難点に関して，様々な評価項目の試案が見られるが，生徒の姿を見取る評価指標の例を1つ挙げておこう（参考文献参照のこと）。

指標1：協同性（場に参加し，人の話に反応を返している）。

指標2：自己表出（話題について自分の意見を伝えようとしている）。

指標3：他者受容（わかろうとして聞いている。友達の意見が通らなくても納得したら譲ることができる）。

指標4：話題や状況についてのメタ認知（話題に沿って考えを作っている。話し合い途中で流れに沿って意見を整理することができる）。

（4）教師にビジョンを持った即興的指導が求められること

生徒の話す聞く話し合う姿を見て，今何が指導できるかをその場で判断する力が教師には必要である。というのもこの領域の指導は，メモをとりながら聞く等のスキルは別として，あらかじめ計画した指導内容を教えていくことの他に，教えるべき内容はその場で話している生徒の姿の中に立ち現れてくるからである。教師が生徒の話す聞く話し合う姿としてどのようなものを理想とするのか，そのビジョンをもって生徒の話す聞く姿を観察し，ここぞという場面で即興的に指導を挟み込んでいく判断力が教師に要求される。そのような理想と指導観が自分にあるか。この困難点の克服は，教師に自己省察と指導観の変革を求めるものでもあるが，それは自分の中に，指導にあたって核となる信念をもつことにもなり，やりがいのあるところでもあろう。

参考文献

山元悦子（2016）「発達モデルに依拠した言語コミュニケーション能力育成のための実践開発と評価」渓水社.

（山元悦子）

Q4　話すこと・聞くことの授業づくりの難しさとは どういうものか

1. 真に話すべきこと，聞くべきことを準備すること

　大村はまは，著書の中で誰もがわかっていることは言いたくないという中学生の心理について述べている。では，真に話すべきこと，聞くべきことをどのようにそれぞれにもたせることができるかということである。話すこと・聞くことの授業づくりの困難さは，後述する見えないアタマの中の指導ということとともに，それらを教師がもたせることのないままに，安易に話し合いやスピーチを取り入れているということにもある。

　真に話すべきこと，聞くべきことをどのようにそれぞれにもたせるために参照したいのが，大村はまの「学習の手びき」に記された考えるための着眼点の豊富さである。例えば「古典への門—枕草子によって—」（1976年実施　中学2年を対象）であれば，読んでいるときに気付いたことを捉えるために，3種類とそれについての述べ方が複数示されている。その「学習の手びき」には大村の説明も記してあるので，どのように子どもの心を耕すのかということがよく理解できる。また，同じ単元の3枚目の「学習の手びき」には，枕草子の読書会のために，「発言のいろいろ」として15種類の子どもの気付きや考えの構築を促す言葉が記されている。

　大村は「学習の手びき」を作成する際に，まずは自分がどのように考えるかということから言葉を導き出し，その後，Aさんなら，Bさんならというように，学級の子どもたちのことを思い浮かべながら反応を推測し，言葉にしていく。これは子どもについての理解を深めることにもなるし，その子どもならではという独自の価値を設定することにもつながる。

　本田由紀（2020）は，日本の教育の実態として「垂直的序列化」と「水平的画一化」の存在を挙げた。前者は「相対的で一元的な能力」（p.202）に到達すること，後者は「特定のふるまい方や考え方を全体に要請する圧力」

（p.203）をもって「望ましさ」に合わせようとすることである。この「垂直的序列化」と「水平的画一化」は，いずれも画一的な人間を育てることにつながるものである。本田はこれらに対し，今後目指すべきは「水平的多様性」であるとしながら，この「水平的多様性」について「日本におけるその希少性は特に，義務教育と高等教育の間に位置する後期中等教育で顕著である」（p.204）と断じている。

多様であり，異なるからこそ存在の価値がある。しかし，それぞれの多様性や異なりを価値付け，耕し，それらを意図的に引き出すための手立てがなければ教室に出てくることはないかもしれない。真に話すべきこと，聞くべきことを子どもにもたせることができるように，教師は子どもそれぞれの歴史に寄り添い子どもの中にあるものを見いだす努力をしなければならない。

2．見えないアタマの中の指導をどうするかということ

話すこと・聞くことは，「どのように」ということが瞬間的に行われることから，読む・書くに比して指導の困難性がある。そのために，見えないものを可視化することが必要である。つまり，どのように聞き，どのようなことに着目し，どのように考えを進めて整理するのか，その具体を示すことが求められる。そして，学習を繰り返すことにより，必要な知識が構造化され，次第に知的操作に習熟して負荷なく行えるようになる。

例えば，メタ言語を捉えることができれば話の展開は捉えやすいし，後に続く情報が推測できる。メタ言語の効果を認識すれば，話す前にもそれを用いて整理することができる。

指導に際しては，その聞く，話すという言語活動を成立させるに必要な知識と，それを用いて行う操作を分析し，情報の受信・情報の吟味検討・情報の発信に向けた整理の話す・聞くという過程に即応した学習を組織することが必要である。

3．評価をどうするのかということ

話すこと・聞くことの評価は困難と言われる。それは瞬間的であり，文字

化されるものではないからであり，個々の状況を捉えるには，読解を確かめるような一斉テストではなく，個々に時間を取らねばならないからとされる。

　そもそも，評価は何かという問題があるが，評価が子ども自身のその先の学習に進むものとして機能するためには，聞く，話すという言語活動を成立させるに必要な知識と，知識を用いて行う操作を整理し，操作の具体例を示したものを子どもと共有して，自分の状況を子どもが見いだし，それぞれに自分が学習したいことを選択する，そして，子どもが選択した学習を成立させるような教材や学習の手順を示したものを準備しておくというようなシステムにするべきであろう。つまり，メタ認知能力に基づく「自己調整学習」である。教師は子どもが選べるように，必要な学習が十分にできるようにサポートする。

　メタ認知能力は，「メタ認知的知識」と「認知状態をモニタリングしてコントロールするメタ認知的行動」によって成立するが，メタ認知活動には「メタ認知的モニタリング」が重要であることが指摘されている（三宮，2008）。聞く，話すという言語活動を成立させるに必要な知識と，それを用いて行う操作の分析を行うことができ，それを子どもにも提示して関連する学習をセットすることは，こうしたメタ認知能力に基づく「自己調整学習」が成立するのである。単にできたか，わかったかだけを評価するに留まってはならない。

参考文献
ジマーマンほか編著（塚野州一編訳）（2006）『自己調整学習の理論』北大路書房.

本田由紀（2020）『教育は何を評価してきたか』岩波書店.

三宮真智子（2008）『メタ認知 ― 学習力を支える高次認知機能』北大路書房.

若木常佳『大村はまの「学習の手びき」についての研究 ― 授業における個性化と個別化の実現』風間書房.

（若木常佳）

Q5　書くことの授業づくりの難しさとはどういうものか

1．芦田恵之助の「自由選題（随意選題）」の考え方

　まず作文教育史から紐解いていく。芦田恵之助と友納友次郎との間で行われた，1921（大正10）年２月九州小倉での立会講演は著名である。芦田恵之助が『綴り方教授』（1913）において主張した「自由選題」（随意選題）と，友納の「非自由選題」との，互いの立場の開陳である。それまで「作文は，教師が題を与え，決められた型に沿って書かせる」という考え方で大方が占められていた中，芦田は児童が自由に題を選んで書くことをよしとする主張を行った。一方友納は，自由選題を「１つの方法」と認めつつも，全面的な自由選題とは異なる立場であった。世間の主流は明治期の画一化・固定化されてきた方法であったが，芦田はこれに疑問をもち，自由選題を主張した。

　これは，当時の教師たちが作文指導にある種の難しさを感じていたことの現れだとも解釈できる。題も型も決められていた作文は，児童にとって魅力的ではなかったが，多くの教師はこの方法でこそ作文力を付けさせられると考えていたし，指導過程が決まっている方が指導しやすかったわけである。自由選題では内容により指導の実際も異なってくるため，指導しにくかったものと思われる。しかし，やがて自由選題で児童が喜んで書いている様子は広く知られることとなり，この方法は作文指導の重要な位置を獲得していく。

2．「書くことがない」生徒と「評価」に困る教師

　時代を一気に下らせ，学習者も中高生に替えてみよう。昭和の1970年代以降には，60年代の学生運動の時代に大学生を真似て強烈な主張を行っていたような中高生が激減した。この時期には，彼らに「自由題」で作文を書かせても，あるいはテーマを与えて書かせても，「書くことがない」と訴える生徒が増えていく。小学校で多い生活作文とは異なり，中高生になると個人的な生活のことや学校行事のことなどは書く価値がなく，一方で高度な話題に

しようとしても，それを作文で書くほどの準備がなかったわけである。昭和50年代以降，大学入試に広く導入されるようになった「小論文」は，自身の考えを記述することが苦手な学生の増加に対する，大学側の危機感の表れでもあった。一方，いわゆる「学力格差」が開き，校内暴力をはじめとする学校の「荒れ」が顕在化したのもこの時期であり，昭和末期から平成初期には，作文はおろか，文字もろくに書けない（あるいは，書こうとしない）中高生の存在が問題化していた。すなわち，作文を課されても「書くことがない」生徒が，その学力の実態にかかわらず，増えていったということが言える。

　これに対し，教師側にも「評価」という「難しさ」が存在する。「評価」は，点数化が目的ではなく，学習者や教師自身の成長のために行うものであるが，それがしばしば数値としての「評定」と混同され，「テストと異なり教師側の主観が入ってしまうので，どう評価したものか困る」という声が常に上がる。そしてしばしば教師を悩ませるのが「添削」である。ここにかける教師の労力は相当なものになりがちである割に，添削された作文を学習者が見ても，積極的に次に活かすことをしない限り，効果は極めて上がりにくい。そのため，「書くことの指導」を忌避する傾向が中学でも高校でも見られる。

3．「書くことの授業づくり」の難しさを克服するために

　ここではまとめの意味も含め，箇条書きで4点を指摘しておく。
① 気軽に日常的に行う
　「作文」「小論文」といった大仰に構えた文章産出ばかりでなく，機会をとらえて短く書くことを重ねていくべきであろう。短文の積み重ねが長文になっていく。長文が書けるようになるためにも，短文への慣れが必要である。
② 無理に「添削」をせず相互評価をさせる
　文章を書かせたら，必ず「添削」をし，批評を書き加えないといけないと思う向きも多いであろう。たしかに何もしないよりは良いが，教師が1人で抱え込もうとすると，いくら時間があっても足りない。それより，数名のグループで交換して読み合い，コメントを加えて返させることをすると良い。場合によっては，グループ内の良いものを推薦・発表させることも行えるで

あろう。中高生は，級友が書いたものに対しては興味をもって耳を傾ける傾向が強いので，「聞くこと」の学習に繋げることも可能である。ただし，概して級友に対する評価は，人間関係を忖度した「甘い」ものになりがちである。教師側は，そこに直すべき点を見いだしたら，線などを引いて批正しておく。その際，あれもこれもと欲張らず，段階的に重点を決めておくとよい。

③ 他の分野との連動

「書くことの授業」を単独で行わせるのは実際的ではなかろう。多くの場合，「読むこと」や「話すこと・聞くこと」と連動することになる。したがって，「書くこと」に繋げることを意識して，単元の構成を行う必要がある。

④ ルーブリックによる評価

「自由題」でも，テーマを決めた題でも良いので，どれだけ深く考え，わかりやすくなっているかを自己評価させ，同じように教師側もその視点から評価を加える。そのために「ルーブリック」を作成し，生徒も教師ももっておくことが望ましい。これは評価の観点と達成度を予め決めておくとともに，基本的には同じ型のルーブリックを継続的に使いながら評価していくことになるので，それをポートフォリオ等に蓄積しておけば，成長の様子が見て取れるようになる。そして，これに応じて文章全体の長さも長いものにしていくことが可能になる。なお，このためには各教科の学習や，読書・報道等によって，書くべき内容となる良識を備えさせておく指導も必要である。

⑤基本事項をきちんと指導しておく

たとえば，「基本的には一文を短文で簡潔に書き，だらだらと続けない」とか，「句読点の打ち方に気を付けないと文意が変わる」とか，これらに関わるが，「2つ以上の意味にとられる可能性がないよう明確に書く」ことの必要性は指導しておく必要がある。それを既習の指導事項として学習者にもたせておけば，同じ過ちを犯さないように導き得るからである。

参考文献

古田拡ほか（1988）『芦田恵之助国語教育全集』明治図書出版.

（浅田孝紀）

Q6　書くことを学ぶ難しさとは何か

1．小学校，高等学校との接続

　中学校の「書くこと」の学習は，生活文を中心とする小学校段階から主張と論拠の関係を吟味する高等学校段階へ，接続をスムーズに行うことが求められている点に難しさの一つがあると言えるだろう。

　平成29年版学習指導要領は，平成20年版の3領域1事項の構成が見直され，「知識及び技能」と「思考力，判断力，表現力等」で構成されることとなり，「書くこと」は「思考力，判断力，表現力等」の下におかれることとなった。また，「知識及び技能」には「情報の扱い方に関する事項」が新設され，論理的思考力の育成にも重点が置かれている。

　平成29年版中学校学習指導要領「書くこと」の指導事項を見てみると，第1学年ウの「根拠を明確にしながら」，オの「根拠の明確さなどについて」は，平成20年版を引き継いだものとなっているが，第2学年ウには「根拠の適切さを考えて」が新しく加わっており，第2学年の段階で根拠の妥当性を吟味することが求められている。これは，「書くこと」の学習においても論理的思考力の育成が，これまで以上に重視されていることを伺わせるものである。

　だが，そのことを意識しすぎると，小学校までの学習との接続にギャップを生じさせることが懸念される。この懸念を払拭するには，3領域の学習を関連させることが重要となるだろう。例えば，第1学年の「読むこと」エにも「根拠を明確にして考えること」という文言があるように，3領域の学習をうまく関連させることで，「根拠」についての学習を効率的に行えるよう単元を構想することなどが求められるだろう。

2．多様な学習活動

　中学校では，多様な学習活動が求められることも学習を難しくする要因の

一つと言えるだろう。平成29年版中学校学習指導要領の「書くこと」の言語活動例を見ると，引用して説明する，案内や報告の文章を書く，詩や随筆を書く，意見を述べる，手紙や電子メールを書く，短歌や俳句，物語を創作する，批評する，情報を編集するといった活動が挙げられている。言語活動例は例示なのでこれらの全てを行う必要はないわけだが，年間の指導を通して多様な言語活動に取り組むことが求められていると言えるだろう。

　このように，多様な活動が求められているのは，高等学校への接続を意識したものと思われるが，限られた時間数の中で，これだけ多様な文章を書く活動を行う単元を構想するためには，年間の指導計画を綿密に立てることが不可欠であると言わざるを得ない。

　また，その際には，「知識及び技能」の学習との関連も視野に入れることが必要となる。「書くこと」の指導事項エには，第1・2学年に「読み手の立場に立って」，第3学年に「目的や意図に応じた表現」とあり，これらは状況に応じた適切な表現を選択できる能力の育成を求めたものと考えられる。そのためには，「知識及び技能」の「語彙」「表現の技法」の学習とうまく関連させながら指導することが必要となる。

　中学校におけるこのような多様な活動は，学習を難しくする要因となっているともいえるが，第3学年イの「文章の種類を選択」する能力の育成につながる点で重要なものと言える。平成30年版高等学校学習指導要領では，国語科の必履修科目は「現代の国語」と「言語文化」の2つに分けられた。「現代の国語」では論理，「言語文化」は文体や描写に，それぞれ重点を置くことが求められている。これは，書き手自身が自分の書く文章の種類を意識することを求めることでもあり，第3学年イの指導事項は高等学校への接続を考えるうえで重要な事項になっていると捉えることができる。

3. 学習過程を柔軟に捉えた指導

　平成29年版中学校学習指導要領解説　国語編（以下『解説』）には，「今回の改訂では，学習過程を一層明確にし，各指導事項を位置づけた」とあり，これまで以上に学習過程を意識した構成となっていることが示されている。

　中学校の「書くこと」においては，「題材の設定」「情報の収集」「内容の検討」が指導事項アに対応し，「構成の検討」がイ，「考えの形成」「記述」がウ，「推敲」がエ，「共有」がオの指導事項にそれぞれ対応している。注目すべきは，『解説』に「なお，ここに示す学習過程は指導の順序性を示すものではない」と述べられている点である。これは，指導事項アの資質・能力を身に付けた後に，指導事項イの資質・能力を身に付けなければならないといったような順序性がないことを示している。

　このような考え方は，すでに倉澤栄吉（1979）にも「別に取材，構想，叙述，推敲という四つの段階を通らなくてもよい場合だってある（p.23）」と述べられており，学習過程にとらわれ過ぎると「書くこと」の学習の本質を見失うことが指摘されている。このように，学習過程を柔軟に捉えることが必要となるわけだが，「書くこと」の学習では多くの場合，どの単元においても書く活動が行われていることを考えると，事実上は「記述」の学習過程を漫然と繰り返す指導に陥ってしまうことが懸念される。この点にも「書くこと」の学習の難しさがあることを認識しておくことが重要であろう。学習過程を柔軟に捉えながらも，それぞれの学習過程で身に付けるべき資質・能力を意識し，年間の指導計画を周到に準備しなければならない。

参考文献

冨山哲也（2017）『平成29年版中学校新学習指導要領の展開　国語編』明治図書出版.

倉澤栄吉（1979）『作文指導の理論と展開』新光閣書店.

文部科学省（2018）『中学校学習指導要領（平成29年告示）解説　国語編』東洋館出版社.

（山下　直）

Q7　生徒が文学的文章を読む難しさとはどういうものかを述べなさい

　中高生が文学的文章を読む難しさは，教科書を使った一斉授業という国語科の特質によって生じていると言えるだろう。2018年に毎日新聞が高校生を対象に実施した読書世論調査によれば，1ヶ月の平均読書量は1.3冊，さらに約半数は，1ヶ月に1冊も本を読まない不読者だった（毎日新聞社編，2019）。ふだん全く本を読まない高校生が授業で「羅生門」を読み，理解できるとは考えにくい。使われている言葉は難しく，設定や登場人物も今の高校生に馴染みがないからである。以下，文学を読む難しさについて，読書量と一斉指導の問題に分けて述べる。

1．読書量の少なさへの対策

（1）読書量と読書力の関係に関する研究

　生徒が自分で選んだ本を1人で読む個人読書の研究をレビューしたガンブレルら（Gambrell et al., 2011）には，生徒が学校外で本を読む時間数に教師が大きく影響するという知見が紹介されている。つまり，教師が読み聞かせを行ったり個人読書の時間を作ったりすることが読む動機につながるのである。日本で個人読書を行う実践と言えば「朝の10分間読書」が広く知られるが，ガンブレルら（2011）を踏まえれば，次の2点において不十分だと考えられる。1つは，教師や他の生徒と交流がない点である。「朝の10分間読書」では，教師も一緒になって読むことを基本とするが，ふだん本を読む習慣がない生徒が時間だけ与えられても読書に没頭することは難しい。選書を教師が手伝い，読んだことについて話し合う他の生徒の存在が不可欠なのである。もう1つは，読書時間である。ガンブレルら（2011）は，毎日90分，個人読書の時間をとることが望ましいというアリントンの研究を紹介している。どのくらい個人読書の時間をとれば良いか，研究上の裏づけはまだない

ようだが，教師や他の生徒との交流が必要な点とあわせて考えれば，少なくとも授業外の活動にのみ任せず，国語の授業として個人読書の時間を位置付けることが必要だろう。そのような指導法として，ここではダニエルズ（Daniels, 2002）のリテラチャー・サークルズを紹介する。

（2）リテラチャー・サークルズ

ダニエルズは，1993年頃，シカゴで現場の教師らとリテラチャー・サークルズという指導法を開発した。他の類似する指導法と比べて，役割シートという本物の会話が小グループでできるようにするためのツールと合わせて提案した点に特色がある。全米に広がり，リテラチャー・サークルズを主題にした研究が様々に行われ，読解力だけでなく他教科の知識を増やしたり社会的公正の感覚を養ったりといった効果も認められたものの，「役割シートを使った話し合い」だけが一人歩きした部分もある。2002年に刊行された第2版では，この点を問題視し，役割シートは必須でないと述べた。

とは言え，読むことに困難を抱える生徒は，単に小グループで話し合うように指示されただけで本について話し合えるとは限らない。役割を与えることにより，小グループの話し合いに参加しやすくなるという意義はあるだろう。また，とくに読む難しさを感じていない生徒であっても，一人ひとりが異なった役割をもって話し合いに参加することで本について話し合う時の観点を確認できる。役割シートを使ったリテラチャー・サークルズは，以下の通りである。

まず，教師は複数の本を紹介し，同じ本を読みたいと思った生徒同士で小グループを作らせる。グループで読む範囲と役割を決める。5人グループであれば，次の役割が考えられる。

① 関連付ける人。自分のことや学校で起きたこと，他の物語や同じ話題で書かれた文章との関連をみつける。

② 質問する人。読んでいる時に疑問に思ったこと，作者に聞いてみたいことなど，グループで話し合える質問をメモする。

③ 大事な部分を見極める人。良かった部分や面白かった部分などグループのメンバーに音読して聞かせたい部分や話し合いたい部分を選ぶ。

④ 文章を絵にする人。登場人物や設定，あるいは次に何が起こるか予想したことを絵にする。

⑤ 言葉に注目する人。新鮮に思えた言葉，大切な言葉，難しかった言葉を拾い出す。

その後，生徒は，自分の役割で決められた範囲を読む。教師は，適宜カンファランスを行う。グループで集まり，自分の役割を意識して話し合う。ただし，役割以外の観点から発言しても良い。最後，グループで話し合ったことを全体で共有する。

2．一斉指導から少人数指導に変える

読むことに困難を抱える生徒に対しては，一斉指導ではなく少人数で手厚く指導することが望ましい。筆者が訪問したフロリダの高校では，通常の国語（英語）の授業とは別に読みの補習授業があった（図6-7-1）。

そこでは，4～5人の生徒に対して1人の教師がつき，読みの方法を明示

図6-7-1 手引きのある読みの指導の場面
（筆者撮影）

的に教えてから一緒に読むアプローチがとられていた（手引きのある読みの指導）。日本では，こうした制度がないがゆえに文学を読む難しさが生まれている，と言えなくもない。

ここでは，オツカス（Oczkus, 2010）に基づき，手引きのある読みの指導の方法を紹介する。オツカスによれば，手引きのある読みの指導において教師は，役立つ助言を与える読書というゲームのコーチとしての役割があると言う。彼女は，手引きのある読みの指導に含まれる要素として，次の4つを挙げた。

① 既有知識を形成したり生徒が既にもっている知識について話し合ったりする。

② カバーや文章，挿絵をざっとみて予測したり質問したりする。

③ 個人で黙読させて1対1で指導を行う。

④ グラフィック・オーガナイザーを使って文章について話し合う。

　例えば，①については，これから読む小説で起こる出来事を1つ取り上げて，それと似た経験がないかを話し合う活動を挙げている。②については，タイトルやカバーの絵から内容を予測できた時，「上手く論理的な予測ができましたね。素晴らしい！」といったフィードバックをするよう提案している。③については，ある程度の分量を読んだところで，これまでの内容を要約させるなど，積極的に介入することを勧めている。それができなかった場合，「このページを要約することが難しいみたいですね。ちょっと私がやってみますね」とフィーバックし，実演することを提案している。④のグラフィック・オーガナイザーは，正方形を4つに区切り，4つの読解方略（質問する，予測する，はっきりさせる，要約する）を意識的に使わせることが提案されている。

　このように，読むことに難しさを感じている生徒に対して，少人数で読解方略を明示的に教え，少しずつ1人で使えるようにしていくアプローチは，一斉授業で「ただ読むように」指示するだけのアプローチよりも有効な指導となり得るように思われる。

参考文献

Daniels, H.（2002）．*Literature circles: Voice and choice in book clubs and reading groups*（2nd ed.）．York, ME: Stenhouse.

Gambrell, L. B., Marinak, B. A., Brooker, H. R., and McCrea-Andrews, H. J.（2011）．The importance of independent reading. In Samuels., S.J., Farstrup, A. E. *What research has to say about reading instruction*（4th ed.）．Newark, DE: International Reading Association., pp.143-158.

毎日新聞社（編）（2019）『読書世論調査2019年版』毎日新聞東京本社.

Oczkus, L.（2010）．*Reciprocal teaching at work K-12*（2nd ed）．Newark, DE: International Reading Association.

（勝田　光）

Q8 文学的文章を読む授業づくりの難しさにはどういうものがあるか

2018年公示の高等学校学習指導要領において，選択科目として「文学国語」が示された。このことは高等学校段階のみならず，教室での文学的文章の授業のあり方自体が問い直されているといえる。ここでは教室で文学的文章を読むことの本質的な価値を起点として，「教材研究」，「学習者論」，「学習指導」，「読書指導との繋がり」という観点から授業づくりの困難さについて述べる。

1．なぜ教室で文学的文章を読むのか

高橋源一郎（2020）は，優れた作家だけが，目に見えない「共同体」を「文章」という形で浮かび上がらせると指摘する。読者がそのような文章を読むことを通して，自らをそう「読ませる」社会や共同体の言説と対峙し，戦う武器を手に入れることに「読むこと」の価値を見いだす高橋の論は示唆に富む。

一方で，教室という「共同体」こそが「このように読むべき」，「こう読んではいけない」と制限をし，学習者の読みを抑圧する可能性があることも紛れもない事実である。テクストと学習者とをつなぎ，その共同体の中で「なぜそう読んだのか」について自覚的になることのできる指導が求められる。

2．文学的文章と学習者をいかに切り結ぶか

指導者は，選定した教材（文学的文章）が，いかに学習者が社会や自分自身を見つめ直すための媒介となり得るかについて検討する必要がある。それは，文学研究的な視座に立脚することのみでは得ることができない。つまり自らの担当する学習者が，その教材についてどのように反応し，テクストにどのような葛藤や矛盾を見いだすか予測し，学習者が取り組むに値する問題か否

かを教材研究において明らかにする必要がある。この視点の欠如は，授業を正解到達主義的な一方向のものとしてしまう。テクスト分析の方法のみならず，学習者の発達段階等を踏まえた授業構想，指導法の選択が求められる。

　一方で，このような「読者論」的立場が「ナンデモアリの読み」を容認するものであるとの誤解を招くこともある。そのことを避けるためには，作者がいかにそのテクストを作り出したか（例えば，なぜそのような語り手に語らせているのか）という，作品の生産過程に目を向けた教材分析や学習指導も求められる。

3. 「自己」を読むことの内実を捉えること

　学習者が文学的文章を読むことによって見いだした矛盾や葛藤は，言い換えるならば自らの内にある複数の自己同士の対話，「自己内対話」である。文学的文章を読むという行為は，読者が自らの内の新たな位置（自己）に立つことを促すとともに，「私」という存在を追究する契機となるものである。

　これまでの国語の授業においては，読むことは「自己」を読むものであると捉えられる一方で，難波博孝（2008）の指摘に代表されるように，学習者の「自己内対話」の抑圧が問題にされてきた。つまり，「自己内対話」という営みの過程についての検討が不十分であったといえる。このことを乗り越えるためには，指導者が現代社会を生きる学習者の自己の複数性・流動性をまなざし，そのことを踏まえた学習指導を行う必要性がある。

4. 「自己内対話」を活性化するための学習指導

　ここまで述べてきたように，文学的文章の学習指導においては学習者の「自己内対話」をいかに活性化するかという視点が重要となる。その際には学習者間の「読みの交流」をどのようにデザインするかという点が大きな問題となる。単に意見を発表させることや，話し合いの場を設定することは「自己内対話」を活性化させることには必ずしもつながらない。松本修（2006）がその過程を精緻に分析したように，「他者の読み」を自らの内に取り入れ，位置付けることによって「自らの読み」が変容もしくは深化・補強される課

題や場面を指導者が見極め，その過程を評価することが求められる。

5.「自立した読者」育成に向けて

　学習者の実態と指導者側の指導したい事項とを重ね合わせながら，様々な文章を読む授業には大きな価値がある。その一方で，そのような指導を繰り返すのみでは「自立した読者」の育成を果たすことは困難である。学びの責任を移譲するとともに，「読む文化」を作り上げることが求められる。

　例えば，リーディングワークショップやその中で指導される「理解するための方法」を学習者に手渡していくことがあげられる。キーンは優れた読者が理解する際に用いる方法を「関連付ける」，「質問する」，「イメージを描く」，「推測する」，「何が大切か見極める」，「解釈する」，「修正しながら意味を捉える」という7つに整理し，その方法を用いることで何が得られるかを学習者が自覚できるよう指導が行われる。その際には学習者の実態に合わせて，「考え聞かせ」や「カンファランス」，また書くことといった様々な手法が採用される。

　これまでの国語教育において行われてきた1つのテクストに対して精読を行う指導に加えて，今後の文学的文章の学習指導では様々なテクストを幅広く読むことも求められる。このような「学習者」を「読者」へと成長させる指導が，「自立した読者」育成において重要となる。

参考文献

エリン・オリヴァー・キーン著，山元隆春・吉田新一郎訳（2014）『理解するってどういうこと？』新曜社.

高橋源一郎（2020）『「読む」って，どんなこと？』NHK出版.

難波博孝（2008）『母語教育という思想』世界思想社.

松本修（2006）『文学の読みと交流のナラトロジー』東洋館出版社.

文部科学省（2019）『高等学校学習指導要領（平成30年告示）解説　国語編』東洋館出版社.

（武田裕司）

Q9　生徒が説明的文章を読む難しさとはどのようなものかを述べなさい

1．説明的文章の読みが目指すもの

　中学校の説明的文章教材の多くは，社会の問題を扱い，私たちがとるべき行動や考え方を主張した文章である。そして，説明的文章を読む行為とは，筆者が根拠から主張を導き出すまでの論証の妥当性や，その説得力を高めるための表現の工夫を吟味し，筆者の考えをより深く理解していこうとする行為である（詳細は，第7章Q9を参照のこと）。

　ただし，こうした読みの姿はいわゆる「熟達者」のそれであり，中学生が説明的文章を読むうえではいくつかの困難が見受けられる。

2．説明的文章を読むうえでの困難

（1）論証の過程や表現の工夫に着目することの難しさ

　困難の1つ目は，そもそもその文章を読むことへの関心や，論証の過程や表現の工夫を吟味する必然性が生じにくいというものである。それは，中学校教材で扱われる問題と生徒との距離が遠く，そこでなされる主張も生徒にとっては受け入れる他ないため，そこに至る論の過程をわざわざ吟味する必要がないからである。

　こうした実態に対応すべく，国語科授業では，単元の導入で問題について知っていることを交流させたり，補助資料等を通して問題の背景を理解させたりすることの重要性が指摘されてきた。だが，こうした方法は文章への関心を高め，文章理解に必須な内容面の知識を活性化させるうえでは有効であるものの，論証の過程や表現の工夫を吟味する姿勢をもたせるうえでは十分ではない。生徒がそれらを吟味し始めるのは，筆者の主張や表現の仕方への違和感や反発，疑問を感じたときだからである。

　そのためには，単元の導入で内容面の知識を活性化させるだけではなく，

問題を解決するために，自分なら「何を」，「どのように」主張するかを考えるところまで歩を進めることである。例えば，食糧問題を扱った単元であれば，開発途上国の食糧危機の実情やその背景，日本のフードロスや貧困の現状について共有した後，自分だったらどのような解決策を提言するかを考えさせる。実際に中学生からは「食べ残しに罰則を設ける」，「日本の余った食糧を開発途上国へ送る」といったものから，「昆虫食を取り入れる」，「牛や豚のクローンを作る」といった様々なアイディアが出てくる。そのうえで，そうした提言を相手に伝えるために，どのようなデータや例が必要かを考えさせる。インターネットからでも，自分の経験からでも，テレビ番組からでも，「こういったものがあれば良いな」という仮想のものでも構わない。この段階では，「自分だったら」を確立させることが何よりも優先である。

　そうして教材に出会わせることで，生徒はそこに自分とは異なる主張や表現の仕方を見い出し，論証の妥当性や表現の工夫へ着目することができる。

（2）論証構造の複雑さ

　困難の2つ目は，文章全体の論証構造を把握するのが難しいというものである。特に，中学校2年生頃の教材からは，論じられる問題が文章の途中で転換し，全体の論証構造が複雑化していく点に大きな特徴がある。

　例えば，中学3年生に「作られた『物語』を超えて」（光村図書中学3年，平成27年文科省検定済）という教材がある。前半部分では，人間が作る「『物語』は動物たちに大きな悲劇をもたらすことがある」と話題が提示され，ゴリラが辿った悲劇が説明される。そして，そうした悲劇を生み出した原因が，誤解に基づいて「物語」を作り，社会の常識としてしまう人間の性質にあることが主張される。ここまでは，「話題提示－根拠－主張」のサイクルから成る単純な論証構造である。

　だが，この教材はここで終わりではない。「こうした誤解に基づく『物語』は，人間の社会にも悲劇をもたらす」と，人間同士の争いへと問題が切り替わる。筆者によると，民族間の争いの背景には，相手への誤解に基づく「物語」を互いに作り，世代間で継承してしまうことによる相互不信が横たわっているという。こうした争いの構図が，ゴリラの悲劇を生みだした原因と共

通していることから，「物語」に囚われずに相手の「真実」を見極めようとすることの大切さが主張されている。

　このように，中学校教材においては，物事の仕組みや因果関係の論証から，私たちが取るべき行動や考え方の論証へと，段階的に論が展開されている。前半部分の結論は，文章全体から見れば，後半部分の論証を支える根拠ともなっているのである。こうした文章を一気に読んだ際，論証の切れ目を把握し，それらの階層関係を理解することが，生徒にとっては難しい。

　こうした困難に対応するためには，文章を一気に読ませるのではなく，既習教材との接続を意識しながら，段階的に文章へ出会わせることである。

　まずは，既習教材を振り返って基本的な論証構造を確認した後，ゴリラの事例を論じた前半部分のみに出会わせる。生徒が論証構造に関する既有の知識を用いながら，教材を理解できるようにするためである。その後，題名を手がかりに今後の展開を予測させた後，後半部分に出会わせる。すると，生徒からは，問題が人間同士の争いに唐突に切り替わっていることや，わざわざゴリラの事例を挙げたことへの疑問があがってくる。そうした疑問を学習課題として取り上げ，解決を図っていく中で，筆者が本当に扱いたい問題や伝えたい主張が後半部分にあること，ゴリラと人間の共通点を指摘するために前半部分が述べられていることが明らかになっていく。

　このように，文章全体の論証の大枠が把握されて初めて，ゴリラと人間の類推の妥当性（論証の妥当性）や，ゴリラの事例をもち出した筆者の意図（筆者の工夫）を吟味していくことが可能になる。

参考文献
幸坂健太郎（2019）「論説・評論を『自分と結びつける』ことの概念区分」
　　　『読書科学』61（2），pp.77-88.
古賀洋一（2020）『説明的文章の読解方略指導研究』渓水社.
辻村重子（2019）「【論証構成図】説明的文章は論証を確かめる」『教育科
　　　学国語教育』840，pp.56-59.

（古賀洋一）

Q 10　説明的文章を読む授業づくりの難しさには　どのようなものがあるか

1．調査にみる中高生の学習上の困難点

　何かわからないことがあるとき，私たちは説明的文章を読む。そして，問題解決の必要度や知的好奇心の大きさによっては，さらに別の文章を求める。説明的文章は定説や常識に新たな見方や情報を付加するものであるが，文章の背景知識をもち合わせていないとよくわからなかったり，逆に，文章を複数読み重ねると，ある問題をめぐる各筆者の立ち位置がわかったりする。わからないと読み返し別の文章を読み重ねて，理解への糸口をつかむ。

　それは，読書の深い森に分け入るかのようである。歩く（＝わかる）ぶん新たな木立（＝わからない）も現れ，わかるとわからないを繰り返しつつ森の奥へ奥へと進んでいく。読書行為の連鎖によって進める，人間のこうした知的探究は，特に大学では教育と研究の主要な方法にもなっている。

　次の各調査で把握された中高生の学習上の困難点は，在来の読解指導が，説明的文章の読書行為を促すものにはなり得ていないことを示している。

（1）高校生の不読率が高止まりしている

　毎年度の全国SLA・毎日新聞社読書世論調査では，1か月に1冊も読まない不読率が小学5％，中学15％程度に対し高校は5割台が続き，近年は上昇傾向にある。小中の値が低いのは「朝の読書」普及によるが，それが高校に生きていない以上，在来の読解指導は高校以降の読書意欲を育てていないといえる。読書行為が連鎖せず，その行為から逃避しているようにもみえる。

（2）中2〜3の中位層では読解力が落ちている

　標準化された問題で小1〜中3生の読書力を比較した田中耕司（2010）によれば，2007〜8年度の生徒はその27年前より有意に得点が高いが，中2〜3のみ有意に低く，語彙力や文法力に課題を抱え，中位層が下位層へシフトする傾向もあった。「わからせよう」として平易な言い換えや内容解説を

施す在来の読解指導は，あたかも日本語ばかり使って外国語を教える授業の
ごとく，彼らの語彙力や文法力の伸びを，中学でかえって頭打ちにしている。

（3）複数の情報を比べて吟味できない

　OECD（経済協力開発機構）はPISA（生徒の学習到達度調査）を踏まえ，
複数のテキストに情報を求めたり，テキストの質と信憑性を自分で考え評価
したりする問いで，日本が各国平均を下回り続けていることを繰り返し指摘
している。書き下ろしの教科書教材に最適化され，教材ごとの特質とは無関
係に定式化された三読法や三層法などの「読ませ方」を宛がう在来の読解指
導は，学校の外で出合う雑多な文章を読み重ね，わからないことを活力源に
別の文章を求め比較し吟味する読みの，ごく一部しか取り扱わない。

2．授業づくりの課題と克服への方途

　古賀洋一（2020）は，1990年代と2000年以降の小中学校授業実践を比較
し，複数の読解方略の中から選択や組み合わせをする仕方を指導する実践
が，中学段階で乏しいままであることを指摘した（第3章Q8）。
　この課題を生む2つの要素と課題克服への方途を，以下に述べる。

（1）単元に〈状況〉を設け自己調整のあり方を問う

　どのような場合に何を探して読み何を得るべきかは，目的，場，相手に
よって変わる。その設定なしに，ただ教科書教材を読んで理解する授業を繰
り返すだけでは，読解方略を選択・統合する学習場面は生まれない。一方，
学習指導要領は言語活動を学習に設けるよう求めてはいるが，学習者が指導
者の指示に従うのみであれば，学習者自身が方略を迷い，選び，試し，修正
し振り返る機会は結局訪れない。これらの解決には「実の場」を志向する単
元学習が有効だが，しかけが大がかりで日常的には実践しづらい面もある。
　そこで，生徒が普段感じている言語生活上のコンフリクト（葛藤），例え
ば調べ学習や他教科で困っていること，書店や図書館での悩みなどの〈状況〉
を想起させながら単元に導けば，教科書教材を主とする日常の授業の場で自
己調整のあり方を問う学習を仕組むことが，比較的容易になるであろう。

（2）教養を説くよりも〈間テクスト性〉を発見させる

　篠崎祐介ほか（2015）は，高校教員が評論文読解学習の意義を，学力形成のほか「知への誘い」（教養入門，思想との出会い等）などにも見いだしていることを明らかにした。これは，教養を知らないと読めない高校生への対応に追われる教員の姿を描出している。だが知を，各々が自己内に構成していくものとしてみる現在の学習観においては，誰か（権威）が認めた「教養」を理解せねば議論に参加できないという考え方は，自ずと否定される。

　そこで，議論をめぐる複数の文章の背景に宿る知識は，教養でなく〈間テクスト性〉（間瀬茂夫，2001）として捉えればどうか。従来の授業づくりはともすれば，文章1篇で全てをわからせようと，教養を指導者が解説して文章外から情報を補うがために，かえって学習者の読む行為を遠ざけていた。これに対し〈間テクスト性〉の概念を導入すれば，ある文章を読んでわからない点について，同じ筆者の別の文章や，議論を交わす他の筆者の文章を読み重ね，各々の主張の意義や価値を相対的につかむことで，わからないことを契機に，各々の主張がもつ論証形式の理解へ，そして読む行為の連鎖へと学習者を導く授業づくりが可能になるであろう。その意味において，主題単元学習の手法が，特に中等教育段階では今後有望視される（第3章Q8）。

参考文献

舟橋秀晃（2019）「第3章読みの教育／3読みの教育の諸相／④中等・説明文」日本読書学会『読書教育の未来』ひつじ書房，pp.213-221.

間瀬茂夫（2001）「間テクスト性に注目した説明的文章の読みの学習指導論の構想」『国語教育論叢』11, pp.15-27.

篠崎祐介・幸坂健太郎・黒川麻美・難波博孝（2015）「評論文読解指導の現状と課題 ── 高等学校教員に対するフォーカスグループインタビューから」『国語科教育』77, pp.70-77.

田中耕司（2010）「児童生徒の読解力は低下しているのか」『国語科教育』67, pp.19-26.

（舟橋秀晃）

Q11　古典を学ぶ意義をどのように教えるかを述べなさい

1. 古典とは？

　英語でthe classicsと言えば，もともとはギリシャ・ローマの古典を指していた。19世紀以降，近代的な国民国家の成立と発展に伴い，公教育が充実するにしたがって，一国のことばと文学史が教育内容として整理された。自国の文化や精神的伝統を体現すると考えられる作品とそれをものした作家が学ばれるべきものとして，クラシックと見なされるようになった。日本においてクラシックの訳語として古典があてられた。ヨーロッパのクラシックにあたる文化カテゴリーを日本の文化の中に発見し，研究と教育を通じて普及しようとした。そのさいに古典とされたのは，古文と漢文であった。

　ごく一般的には，古典とは，古い時代に成立した文章であり，文化的価値が高いと認められているものである。国語教育では，古文漢文を総称して古典と呼んでいた。社会通念上，古文は江戸時代以前に成立した文章を指している。漢文は中国で成立した文章で，日本の文学作品にも大きな影響を与えている。例えば，教材に採られている「枕草子」の「香炉峰の雪」などはその一例であるし，「源氏物語」などにも，漢文の影響がある。日本の文学作品に影響を与えただけではなく，日本の多くの公文書や書物が漢文で書かれている。これらは日本漢文（和漢文）と総称されている。

2. 古典を相対化する

　カルチュラル・スタディーズの流れを汲んだ研究成果であるハルオ・シラネ，鈴木登美編（1999）では，日本において古典とは，古典として選別されたテクスト群が形成された中世での受容のあり方をうけ，明治になり海外からの文化的刺激を受けることによって，文学や学問が再編された19, 20世紀の歴史作用によって成立したものであるとされている。より一般化していえば，古典とみなされるテクストは「ある時代のある特定のグループないし

社会集団の利益・関心を反映したもの」である。しかし，古典となっている
テクストそのものに本来の意味はなく，権威者によって意味を見いだされる
ことを待つだけの存在であるとも言い切れない。テクストはそれなりに見い
だされる意味ももっているのである。

　このような知見から，文化的価値が高いと認められるということ自体が歴
史的産物であるとされ，あらためて古典とされる作品群の見直しがされてい
る。『新日本古典文学大系【明治篇】』（岩波書店）などは，このような見直
しの成果であると見ることもできる。文章の成立は明治であり，文章の内容
も教科書や啓蒙書などが含まれている。日本における古典の再定義と言える
だろう。

3．学習指導要領における古典

　平成29年告示の学習指導要領ではそれまでの「伝統的な言語文化」から
「我が国の言語文化」と変更されている。教材に関しても中学校で「近代以
降の代表的な作家の作品をいずれかの学年で取り上げること」と記されてい
る。近代以降の作品であっても，「我が国の言語文化」を代表すると目され
る作家や作品に触れることとなっている。

　指導事項にも，「古典には様々な種類の作品があることを知ること」とあ
ることからもわかるように，現在の国語教育で古典は様々なジャンルや内容
の文章に広がってきている。

　このように古典の範囲は現在では，文章の書かれた時代やジャンルに広が
りが出てきている。

4．古典を学ぶ意義とはなんだろうか？

　言い古された言い方だが，古きをたずねて新しきを知るということがある
だろう。近年では，川上弘美が「伊勢物語」の現代語訳を手掛けた経験から
『三度目の恋』という小説を発表している。「伊勢物語」を知ったうえで，こ
のような作品を読めば，楽しみは増えるだろう。ただ知っているというだけ
ではなく，読んでいれば，そして，「伊勢物語」のおもしろさを知っていれ

ば，おもしろさはもっと増すだろう。橋本治著『窯変 源氏物語』は恋愛小説としての「源氏物語」ではなく，政争が恋愛と結び付いていることを気付かせてくれる。これらの作品群をおもしろく読むためにも，古典を学ぶことには意義がある。

　大村（1983）では，西尾実が口語文の歴史が浅いことから，口語文が未完成であることを指摘し，完成させるために古典が必要であると述べたことが紹介されている。大村によれば，西尾実は「古典学習の意義は，現代文口語文完成のエネルギーを得るためである」と述べたということである。

　これは文体としての口語文を完成させるということであるが，文章に含まれる思想に関しても，現在を相対化するために古典の思想が役に立つことも指摘しておきたい。

　日本の古典が一国文学史の中に閉じることなく，中国古典（漢文）との交渉の中で位置付けられ，東アジア文化圏の中での位置付けを検討されることによって，古典を学ぶ意義が更新され，教材開発がなされることが期待される。

　新生児の約30人に1人の割合で外国にルーツをもつ子どもたちが存在する現代の日本において，無自覚に「我が国の言語文化」として従来の古典を指導し続けることは難しくなるだろう。これからの「我が国の言語文化」を探りながら，生徒たちにとって意味や価値が見いだされる作品を教材としていくことが求められるだろう。教材を通じて，その意味や価値を伝えることが古典を学ぶ意義を教えることとなる。

参考文献

逸見喜一郎ほか編（2016）『古典について，冷静に考えてみました』岩波書店.

大村はま（1983）『大村はま国語教室　3　古典に親しませる学習指導』筑摩書房.

ハルオ・シラネ，鈴木登美編（1999）『創造された古典 ── カノン形成・国民国家・日本文学』新曜社.

（浮田真弓）

Q 12　古文を学ぶ難しさとはどういうものか

1．学ぶ意味の亡失から

　筆者が大学で担当している国語科指導法の授業の中で学生たちにこのことを尋ねると，その回答はおおむね3点に集約される。

　まず，「日本語なのに読めない」,「まるで外国語のようだ」というものである。しかもそれが本当に外国語ならばまだ割り切れるのだが，古文は明らかに日本語の体をなしており，そのことが余計に学習者たちの困難感を助長するようである。次に，その「外国語」を読み解くために必要とされる文法的知識と技能，すなわち品詞分解がもたらすストレスである。筆者自身も高校時代の記憶として残っているのは，1年生の春，最初の古文の授業の冒頭に助動詞の一覧表（活用表）が配布され，とにかくそれを丸暗記するように教師から求められたことである。教師が「これが覚えられないと古文の授業は始まらない」と説くので，当時の筆者は言われるがままに「る－らるす－さす」と機械的暗誦を繰り返したものだが，21世紀生まれの今時の大学生も，多くが同じような経験をしているようである。そして，最も深刻と思われるのが，「古文を学ぶ意味がわからない」というものである。「日常生活では使うことのない古語や古文の授業を週に何回も受けなければいけないのは苦痛でしかなかった」という学生たちからの声は，ほとんど途切れることがない。彼ら，彼女らの学習動機をかろうじて支えているのは，やはり大学入試の存在である。センター試験（現，大学入学共通テスト）や前期試験で古文が出題されるので，「やらざるをえない」のが古文なのである。

　以上のような回答をする学生たちの大半にとって，当然のことながら高校時代の古文は，良い思い出として残っていない。そして大学入試が終わってしまえば，それ以降，自発的に古典作品を手にする機会や習慣をもつこと（たとえば書店で文庫を購入するなど）は，皆無である。このような実態について，高校の古典教育が「科挙」のための学問になっていると益田勝実が

皮肉をこめて批判したのは，1960年代のことである。古典の授業が古語の習得に傾斜し大学受験のための予備教育的傾向を深めているということが益田の批判の趣旨だったが，それから50年以上が経とうとする今日においても，その問題が克服されたとは到底言えない現状がある。

2．学ぶ意味の創出へ

　筆者の授業を受講する学生の中には，一方で，高校までに受けてきた古文の授業について良い思い出や印象をもっている学生も少なからずいる。そういう学生たちの回答には，如上の課題を超克していくための方途が多分に示唆されているように思える。古文の授業について肯定的な感触をもっている学生たちから聞かれるエピソードの多くは，「当時の先生が，古文の楽しさや魅力を知ることができる授業をしてくれた」というものである。興味深いことは，そういう学生たちも決して品詞分解や語句調べと無縁だったわけではないことである。古文に対して良い思い出をもっている学生ももっていない学生も，受けてきた授業の進め方自体はそれほど違わないようである。それでは両者の差異は，何に起因するのだろうか。

　それはひとえに，前項において3点目に挙げた，「古文を学ぶ意味」の理解や共有の有無にあるといえよう。古文に対して否定的な学生たちが品詞分解の段階で沈滞してしまっている（授業の記憶がそこでとどまっている）のに対し，肯定的な学生たちは，その段階を乗り越えて古典作品のもつ内容的な魅力を感得するところまで到達するという経験をしているのである。「先生が品詞分解（形式面）の向こうにある世界（内容面）にまで連れていってくれた」というのが，古文に肯定的な学生たちからよく出てくる体験談である。

　このような経験を有する学生たちにとっては，当然のことながら，前項の2点目に挙げた「ストレス」も少ない。目的や動機，そして精神的な報酬（その先にある楽しさ）がそこにあるならば，品詞分解が空しい苦役に終わることは決してないだろう。むしろ「品詞分解ができるようになったことで，現代語にはない古語・古文の微妙なニュアンスを味わえるようになった」と学生たちは述懐する。品詞分解の先に広がる古典の内容世界といえば，恋愛

話，軍記物，滑稽譚，詩歌など，老若男女を惹きつけてやまないコンテンツの数々が教科書の中にも満ちている。そこまで学習者たちとともにたどり着けるよう，教師は種々の方策を練らなければいけない。国語教師が磨くべき「専門知」とは，他でもなくそこにある（具体的な実践例は3章Q10を参照）。

　そしてこの品詞分解の「壁」を乗り越えることができたならば，前項1点目に挙げた「日本語なのに外国語」である古文との正対の可能性が開けてくるだろう。

　学習指導要領の「伝統的な言語文化」においては「古典に親しむ」ことが小学校段階から重視されているが，これはともすれば，古典と現代との同質性や類似性（身近さ，親しみやすさ）の面ばかりが着目されることになりかねない。しかし例えば，時枝誠記は古典教育の意義を「現代に無いものを求めるところにある」と述べる。古典とは「現代的意義の有無に関せず…人間性の何ものかに触れてゐる」ものであり，「古典の中から，現代に無いもの，現代人が，迂闊に落とし忘れたものを求めようとする」ことこそが古典を読む態度であるべきと。これは，古典と現代との異質性や乖離性に意味を見いだそうとする思想である。時枝をふまえれば，古文を「外国語」と感じるということも，必ずしも古文嫌いの学生の謬見とばかりは言い切れないだろう。むしろ，古文というものの捉え方の一つとして，さらに，古文を学ぶ契機として積極的な意味付けをすることもできるはずである。現代の言葉や物語からは得られないものを古文に求めようとする姿勢は，古文を学ぶことの必然性を担保することにもなる。そういう古文・古典教育を可能にするのは，古文の「楽しさ」を学習者たちが身をもって感取していく授業に他ならない。

参考文献

益田勝実著（幸田国広編集，鈴木日出男 監修，天野紀代子 監修）（2006）
　　　『益田勝実の仕事　5　国語教育論集成』筑摩書房.
時枝誠記（1984）『時枝誠記国語教育論集　Ⅰ』明治図書出版.

（八木雄一郎）

Q 13　漢文を学ぶ難しさとはどういうものか

1．漢文を学ぶ難しさとは

　ここでは，漢文を学ぶ難しさについて，多くの漢文教材が，それを用いて学習を行おうとする際に共通してもつと考えられる難しさに焦点を当てる。

　漢文教材を用いて学習しようとするときに生じる難しさは，漢文というテキストのジャンルと学習者との間の関係を原因として生じるものである。ここではこれを，①漢文を学習する動機の問題，②漢文と学習者との時代的文化的差異の問題，③漢文と学習者が用いている言語との差異の問題の 3 点から説明する。

2．漢文を学習する動機の問題

　2010 年代の漢文教育に関する論考において，多くのものに言及されているのが，やや古い調査になっているが，平成 17 (2005) 年度に行われた「高等学校教育課程実施状況調査」である。この大規模調査では，高校 3 年生に対する「漢文は好きだ」という質問に対し，「そう思う」(8.9％)，「どちらかといえばそう思う」(15.8％) に対し，「どちらかといえばそう思わない」(20.9％)，「そう思わない」(50.3％) が大幅に上回り，漢文学習に対してネガティブな印象が強いことが示されている。この結果は，平成 29 年改訂学習指導要領の議論においても参照されている。その後に行われた小規模な調査でも，同様の傾向は繰り返し指摘されており，現在でも状況は変わっていないと考えられる。漢文が好きではないことと，漢文を学習する動機がないことは，必ずしもイコールではない。しかし，漢文を学習しようとするうえで，それが「好き」になれないということは，動機付けのうえでも大きな障害になる。

　それでは，なぜ漢文は「好きではない」と回答されるのだろうか。九州中国学会で行われたシンポジウムの報告によれば，その理由として，「自分にとって関係のない話で，社会生活に役に立たない」ということがあげられた

と言う。多くの学習者にとって，漢文を学ぶことで，何を学ぶことになっているのか，という手応えのなさが，漢文を学習する動機を損なわせていると考えられる。

3．漢文と学習者との時代的文化的差異の問題

　私たちがテキストを読むという営みは，すでにもっている知識や認識の枠組みを使って全体像を捉えようとするトップダウンの読みと，文字や単語，文章の理解を積み上げながら理解するボトムアップの読みとによって行われる。このとき，学習者が生きる現代日本と時代的文化的差異の大きな漢文テキストは，トップダウンの読みを行うことが難しいテキストであると言える。
　逆に言えば，私たちが知らず知らずに行っているトップダウンの読みには，私たちが生きている文化的状況に基づく推論が滑り込んでいる。漢文教材を読むということは，そのような自分たちが背景としている文化的状況と，漢文教材が背景としている文化的状況との違いを意識しながら読むという経験である。

4．漢文と学習者が用いている言語との差異の問題

　3.において述べたのが，主にトップダウンの読みの難しさであるのに対し，4.はトップダウンの読みの難しさに加え，ボトムアップの読みも行いにくい，という難しさである。
　漢文教材は，白文に訓点（返り点と送り仮名）を付した形が一般的に教材として用いられるが，1）返り点に従って読む読みの規則を習得する必要がある，2）送り仮名が現代日本語とは異なるところがある，3）構成する漢字が常用漢字に留まらず，また，現在の日本での使われ方とは異なる使われ方をしているなどの点で，いわゆる「言語抵抗」がある。
　このうち，1）は書き下し文にすることである程度解消されるが，2）や3）は解消されず，また，書き下し文にすることで，白文に存在する文の構造の情報が消えるため，かえってわかりにくくなることもある（特に対句などで顕著である）。過去の学習指導要領では，書き下し文や現代語訳を教材

として用いることを推奨したこともあったが，結局定着していない。

　しかし，これらの難しさはネガティブな意味だけをもつものではない。1）は，現在の日本語でも用いられている熟語の構造をよりよく理解するための教材となりうる特徴であり，3）は，漢字というものについて，より深く理解するための教材となりうる特徴である。たとえば，「赤」という見慣れた漢字であっても，漢文の中では，「red」という意味にはどうしても取れないケースが出てくる。漢和辞典を引くと，「すっかりむき出しのさま」などの意味が出てくるが，そうすると，「そうか，赤裸々の『赤』はそういう意味か」と，現代で使われている言葉に埋め込まれている言葉の来歴を想像することにもつながる。

　また，教材は学習目標に従属するため，書き下し文や現代語訳を用いることを避ける必要はない。白文に訓点を施したテキストだからこそ学ぶことができる点があるのは上述の通りだが，それはどのような目標を達成しようとするときにも「白文に訓点を施したテキスト」でなければならないということを意味するものではない（漢文教材を用いた学習について，学習目標を確認することなく，どのようなテキストを用いるべきか，ということを議論しても得るものは少ない）。

　以上，3点から漢文を学ぶ難しさについて述べた。ここに述べたものは，あくまでも最小公約数としての難しさであり，ジャンルや個々の教材それぞれの難しさも，当然であるが，存在する。これらの難しさを，ただ「抵抗」としてのみ捉えるのではなく，学習を媒介する教材として，どのような価値のある難しさであるかを考えるようにしたい。

参考文献・URL

荒木龍太郎・松本透一郎・濱砂美弥子（2007）「シンポジウム『高校における漢文教育』」『九州中国学会報』45, pp.122-126.

国立教育政策研究所「高等学校教育課程実施状況調査」https://www.nier.go.jp/kaihatsu/kyouikukatei.html（2020年6月28日閲覧）.

（冨安慎吾）

Q 14 「知識・技能」の学習にはどのような難しさが あるかを述べなさい

1.「知識・技能」の構成

　学習指導要領は〔知識及び技能〕の内容を「(1) 言葉の特徴や使い方に関する事項」,「(2) 情報の扱い方に関する事項」,「(3) 我が国の言語文化に関する事項」の3つの事項で構成している。

　国語科で育成が目指される資質・能力の3つの柱は相互に関連し合い, 一体となって働くことが重視されるので,〔知識及び技能〕を〔思考力, 判断力, 表現力等〕と別々に分けて育成したり,〔知識及び技能〕を習得してから〔思考力, 判断力, 表現力等〕を身に付けるといった順序性をもって育成したりすることを意図した指導にならないよう留意する必要がある。

　換言すれば,〔知識及び技能〕の育成は,〔思考力, 判断力, 表現力等〕の育成とともに, あるいはその育成に関連付けながら行われるよう配慮を要するということになる。

　各単元では,〔思考力, 判断力, 表現力等〕の内容から「話すこと・聞くこと」,「書くこと」,「読むこと」のいずれか一つの指導事項を目標に据えて指導の全体を考えていくことになるが, そこに〔知識及び技能〕の指導を関連付けて確実に育成を図るように考えることが必要となる。

2.「知識・技能」の各事項から

(1)「言葉の特徴や使い方に関する事項」

　この事項には,「言葉の働き」,「話し言葉と書き言葉」,「漢字」,「語彙」,「文や文章」,「言葉遣い」,「表現の技法」に関する内容が整理されている。ここでは高校「論理国語」における「文や文章」に焦点を当ててみる。

　「文や文章」の系統の事項に「エ 文章の種類に基づく効果的な段落の構造や論の形式など, 文章の構成や展開の仕方について理解を深めること」があ

る。「解説」によれば，ここでの「段落の構造」とは「段落内部における文の組み立てと，段落相互の関係の両方を指している」。段落相互の関係については従来も指導されてきたところであるが，段落内部における文の組み立てについては，今回新たに加わった視点である。

　例えば，論証する文章を読むことについて学ぶ際には，その構成や展開の型を理解するとともに，段落内部の文の組み立てについても理解することが求められる。論証する文章における段落の構造を考えるにあたっては，パラグラフ・ライティングの考え方が参考になるだろう。すなわち，1つの段落（パラグラフ）を，その段落の要旨を一文で述べる中心文（トピックセンテンス）と，その内容を具体的に述べたり言い換えたりするいくつかの文で構成するという手法である。段落を構成する文のそれぞれが，その段落の中でどのように働いているかを手掛かりとして，段落の組み立てについて理解を進めることができるだろう。

（2）「情報の扱い方に関する事項」

　新たに設けられたこの事項は「情報と情報との関係」と「情報の整理」という2つの系統で整理されている。

　「情報と情報との関係」の系統は，中学校においては「原因と結果」（第1学年），「意見と根拠」（第1，2学年），「具体と抽象」（第2，3学年）などの関係の理解，高等学校においては「主張と論拠」（現代の国語），「主張とその前提や反証」（論理国語）の関係の理解が求められている。「現代の国語」において「論拠」が「根拠と理由づけのこと」（高等学校学習指導要領解説　国語編）と定義されている点は注意が必要である。

　他方，「情報の整理」は，中学校では「引用の仕方や出典の示し方」（第1学年），「情報と情報の関係の様々な表し方」（第2学年），「情報の信頼性の確かめ方」（第3学年）の理解が求められ，内容は多岐にわたっている。これを受けて高等学校「現代の国語」では，「推論の仕方」や「情報の妥当性や信頼性の吟味の仕方」の理解へと発展させている。

　情報の妥当性，信頼性を確かめ，吟味する方法を学ぶことが求められているのは，主張の説得力を高めるために，情報を根拠として活用することを視

147

野に入れたものである。「C読むこと」のみならず「A書くこと」の指導と関連付けることに工夫が求められるところである。

「推論」が指導事項として明確に位置付けられたことは今回の改訂の大きな特徴である。演繹的な推論と，帰納や仮説形成など演繹的でない推論といった形式について，まず指導者が確実に理解を深めておく必要がある。日常的な思考の中で，それらが活用される場面を明確に意識することも実践への手掛かりになるだろう。

（3）「我が国の言語文化に関する事項」

「言葉の由来や変化」の系統では，中学校で「共通語と方言」（第1学年），「時間の経過や世代による言葉の違い」（第3学年），高等学校で「時間の経過や地域の文化的特徴などによる文字や言葉の変化」，「言文一致体や和漢混交文など歴史的な文体の変化」（言語文化）などの理解が求められている。

共通語と方言，話し言葉と書き言葉，世代や社会階層に特徴的に見られる言葉遣い，古典の言葉と現代の言葉，和文体と漢文訓読体など，これらはみな言語の「位相」としてとらえることができる。言語は時間とともに変化するのみならず，同時代にあっても地域や文化によって多様な姿を見せる。そのことの理解なくしては，相手と場面に応じて適切に言葉を使う力を身に付けることは難しい。指導者にも，まず必要となる自覚である。

生徒はみな，そうした言葉の多様性に気付いていよう。しかし，それを言語の特質の一つとして明確に認知するためには意識的な学習が必要である。古典や近現代の種々の文章はもちろん，身の回りの言葉にも多様性を見いだすことは容易い。それを思考力，判断力，表現力等の指導とどのように関連付けるか，不断の試行が求められよう。

参考文献

山下直（2019）「「言葉の特徴や使い方に関する事項」の指導の留意点」『日本語学』38巻9号，pp.32-37.

（島田康行）

Q 15　文法学習にはどのような難しさがあるか

　中等教育における文法学習を行う際には，機能文法的なアプローチと体系文法的なアプローチを組み合わせ，学習者の理解を最大限促す必要がある。これは理念として語ることは簡単でも，実現することは容易ではない。以下，1．機能文法を目指したときの体系文法とのバランスに関する課題，2．体系文法を目指したときの機能文法とのバランスに関する課題について，それぞれ述べる。

1．機能文法を目指したときの体系文法とのバランスに関する課題

　機能文法的なアプローチに立つときの1つの方法として，文法指導が生徒の言語活動に生きるよう構成する方法がある。このときの課題として，どのような文法事項が生徒の言語活動に生きるのか，その全体像がまだ十分に明らかになっていないことがある。

　例えば2017年改訂中学校学習指導要領において，品詞論や構文論にあたる項目（品詞分類，文の成分などに関する項目）のうち，明確に「書くこと」や「読むこと」との関連が述べられている項目に「単語の類別について理解するとともに，指示する語句と接続する語句の役割について理解を深めること。」（1年生「知識及び技能」(1) エ）がある。同解説によれば，ここで述べられている「指示する語句」や「接続する語句」とは次のような語句である。

- 指示する語句
　「こ・そ・あ・ど言葉」と言われるものに加え，「以上（は）」，「前者（は）」，「右（の）」といった語句
- 接続する語句
　いわゆる「つなぎ言葉」と言われるものに加え，「まして」，「一方」，「他方」，「そのため」といった語句

これらの事項は，適切に指導されれば，生徒自身の「書くこと」といった言語活動に生きると考えられる。しかし，(1) 例示されている語句以外に指導すべき「指示する語句」，「接続する語句」はないのか，(2)「指示する語句」，「接続する語句」以外に言語活動に生きる語句のカテゴリはないのか，といった点がまだ全て明らかになっているわけではない。実際にわれわれがつまずきやすい文法事項の全体像はどのようなものなのか，生徒の作文や実社会の文章を対象として，実証的な調査が必要である。

　また，上記の例を見れば明らかなように，このような文法事項は「これ」（名詞），「この」（連体詞），「以上は」（名詞＋助詞）といった語句を同列に扱うなど，かならずしも現在の学校文法の品詞論によらない内容となっている。このように，生徒の言語活動に生きる文法指導を行おうとする場合には，現在の学校文法とは異なる体系が必要になる可能性がある。実際に，書く活動と独立して体系文法を教える文法指導は，学習者の作文活動にかえって負の効果をもたらすという研究結果もある（Graham, 2007）。かならずしも現在の学校文法の体系にとらわれない，新たな文法指導の体系を構想する必要がある。

2．体系文法を目指したときの機能文法とのバランスに関する課題

　体系文法に関する課題としては，機能文法的なアプローチを重視して指導した場合でも，最終的には学校文法の体系を教えることが求められている現状がある。

　例えば動詞の活用を導入する際には，「歩く」，「笑う」，「起きる」，「食べる」といった動詞の活用を実際に学習者が示す活動がありうる。これは学習者自身が文法的意識をもつ過程を重視している点で，一つの有効な学習である。

　しかし実際にこれらの語を活用してみると，「歩いて」という音便形や「歩きゃー」という縮約形など，学校文法の活用表にとどまらない多様な活用が現れる。このような言語分析は，実際の言語現象を重視する考え方（記述文法的な考え方）からすればすぐれた分析である。しかし最終的に学校文法を理解することに目標をおくなら，これらの活用はノイズとして取り除か

ざるを得なくなる。ここでは，学習者自身のすぐれた活用の分析が，学校文法への階梯としてしか位置付けられなくなってしまう。

　それならば，学校文法による指導によることなく，生徒の考えるプロセスを重視したいと考えるかもしれない。しかしその場合は次の2点が問題となる。(1) 中学校における口語文法指導が，高等学校における文語文法指導の前提になっていること。学校文法における口語文法は，先行して存在した文語文法の体系を援用することで，昭和初期におおむね落ち着いた。口語の記述としては問題が残る箇所もあるが，結果として，もっとも通用した文語文法の導入となっている。(2) 学校文法が，社会におけるデファクトスタンダードになっていること。例えば，国語辞典における品詞分類は，いずれも学校文法の体系に準拠している。これら (1)，(2) についてのフォローなしには，現在の学校文法の指導をやめるのは難しい。さらに現実的な課題として，高校入試における学校文法の出題に対応しなければならないという現場の切実な声もある。

　今日においても，機能文法的なアプローチと体系文法的なアプローチを融合するには，多くの課題が残されている。今後はこの接合点を，具体的な目標・教材・指導法のレベルで見いだしていく必要がある。

参考文献

Graham, Steveand Perin, Dolores（2007），*Writing Next,* Alliance For Excellent
　　　Education.
伊坂淳一（2012）「中学生の日本語表現における文法的不適格性の分析」
　　　『千葉大学教育学部研究紀要』60, pp.63-71.
森山卓郎・矢澤真人・安部朋世（2011）「国語科の学校文法における「品詞」
　　　について」『京都教育大学紀要』118, pp.91-106.
矢澤真人（2010）「国語教育の文法と日本語教育の文法」砂川有里子，加
　　　納千恵子，一二三朋子，小野正樹編著『日本語教育研究への招
　　　待』くろしお出版, pp.141-157.

（勘米良祐太）

Q 16　国語科における情報の取り扱いにはどのような難しさがあるのかを述べなさい

1．系統性の重視と学習者の実態把握の必要性

　まず，はじめに系統性の中で学習者の実態を把握する難しさが挙げられる。この「情報の扱い方に関する事項」（以下，「情報の扱い方」）で示されている「情報と情報の関係」，「情報の整理」の二つの系統は，情報を正しく読み取ったり，整理して比較・分類したり，自分の表現に活用したりする「情報活用能力」だけでなく，論理的な思考力を高めることも目指している。

　これらの力を段階的に身に付けさせる指導を行うには，言葉による見方・考え方を働かせる国語科の特性を踏まえつつ，なお一層，系統性を重視していく必要がある。それによって，学習者が，小学校，中学校，高等学校を貫く系統的な学びの中で，実社会や実生活で生きて働く，より高度な「情報活用能力」や論理的な思考力を身に付けていくことになる。

　そのため，今後，授業づくりの際は，これまで以上に目の前の学習者が既に身に付けている知識・技能や学習歴などのレディネスを把握する必要がある。さらに，学習の系統性を重視した年間指導計画や単元計画の作成にとどまらず，そうした実態把握から三年間や卒業後の姿を具体的に見据えた長期の指導目標や計画，あるいは「育てたい学習者像」や「身に付けさせたい国語力」などを日頃から教科内で話し合ったり，共通理解を図ったりしておくことも大切である。

2．国語科の扱う情報の多様さ

　次に，国語科の扱う情報の多様さによる難しさについて触れていく。国語科が扱う情報は，「話や文章に含まれている情報」であるとされている。しかしながら，そもそも，国語科で扱う情報の種類や範囲はとても広い。それに加えて，最近では文章などの連続型の言語テキストだけでなく，図や表，

グラフなどの非連続型テキストと関連付けた情報や，パンフレット，取扱説明書，メールの文面などの実用的な文章もそうした情報の対象として扱っている。また，ICT 活用により，学習者が情報収集する際に，インターネット上の様々な情報へリアルタイムでアクセスする機会も増え，授業で取り扱う学習材としての情報の種類はさらに広範囲に及んでいる。

　このことを念頭に置かないで授業を行うと，学習者が情報過多に陥ったり，玉石混淆の情報に振り回されたりすることになる。こうした多様な情報を取捨選択して利用するためにも，情報の確かさを見極めて適切に読み解いたり，整理したり，活用したりする力を育成することが大切である。

3．明確なねらいと言語活動の充実

　また，授業づくりでも情報の取り扱いに注意しなければならない点がある。この「情報の扱い方」は，単なる知識や技能としての習得ではなく，言語活動を通して「思考力・判断力・表現力等」と相互に関連し合いながら生きて働く力として身に付けていくことになる。

　実際の授業を想定した場合，学校図書館やインターネットで調べたことを発表したり，グループで集めた情報を比較や分類，関係付けするために話し合ったりするなどの言語活動を行うこと自体は，それほど難しくないように思われる。しかし，「情報の扱い方」に限ったことではないが，学習のねらいが定かでなく，指導計画の見通しが甘いと，学習者が楽しく調べる姿や，それらしく話し合う姿を見て言語活動が充実しているとしてしまい，いわゆる「活動あって学びなし」の状態になることが懸念される。

　そこで指導者の側は，学習のねらいを明確にして，学習者にどのような力を身に付けさせたいのか，そのためにはどのような情報を学習材として扱って，どのような言語活動を通して学ぶのが有効なのかを熟慮し，目的と手段を混同せずに授業づくりを行うことが重要となってくる。

4．授業における著作権や情報モラルへの配慮

　さらに，多種多様な情報を扱う国語科において著作権や情報モラルへ配慮

した指導が求められるのも気をつけたい点である。「中学校学習指導要領（平成29年告示）解説　国語編」には具体的な「引用の仕方や出典の示し方」以外にも，引用する際の留意点として，「書名，著者名，発行年や掲載日，出版社，ウェブサイトの名称やアドレスなどを示すことにより，著作権に留意する」（第3章第1節1〔知識及び技能〕(2) 情報の扱い方に関する事項）ことと，「情報の受け手が出典を知ることができるよう配慮する」（同上）ことが示されている。

　また，「高等学校学習指導要領（平成30年告示）解説　国語編」には，そうした引用の仕方，出典の示し方の理解だけでなく，「引用することによって自らの主張を補強し説得力を高めることができるようにすることなど，引用の必要性についても理解を深めることが求められる」（第2章第1節3 (2) 情報の扱い方に関する事項　オ　引用の仕方や出典の示し方，それらの必要性について理解を深め使うこと。）ことが示されている。さらには，「引用の仕方や出典の示し方を誤ると，自らの主張の妥当性や信頼性を失う危険がある」（同上）ことも示されている。

　こうした著作権や情報モラルへの配慮は，一方的な知識伝達や注意喚起で終わるのではなく，例えば，複数の情報や専門的な知見から引用してレポートや意見文を書くなど，引用の必然性がある学習場面を設定し，学習者が自ら引用や出典を示す学習経験の中で身に付けさせるのが効果的である。

5. 多面的な視点からの評価の工夫や改善

　最後に，国語科における情報の取り扱いの難しさとして評価について挙げていく。

　「情報の扱い方」などの「知識及び技能」は，「思考力，判断力，表現力等」と関連させながら言語活動を通して資質・能力を育成するため，具体的な評価規準と評価場面の設定が不可欠である。例えば，インタビュー記事を書く学習活動の場合，指導者は，できあがった記事（成果物）だけではなく，インタビューの聞き取りメモや，下書きの構成メモなどからも，学習者がそこで得た情報をどのように関係付けて，どのように活用しているか，そ

の学習過程の中で評価していくことになる。

　しかしながら，「情報の扱い方」に関しては先述したように学習材となり得る情報は多様で，評価対象や評価場面が複雑化しやすい。特に，学習者がICT機器を活用して，主体的に個別の情報を集めたり，整理したりしたものを扱うことを中核に据えた授業を試みた場合，当初の指導計画や教材研究の想定を超える学習者の反応や学習展開に出会うこともある。こうした場合，形成的な評価により途中で学習者の学習状況を見取り，単元全体や次時の指導計画を適宜，調整するために教材再研究を行うなど，評価を次の指導につなげる視点や柔軟性も大切である。

　また，「情報の扱い方」は，レポートや意見文，新聞，比較・分類した模造紙などの具体的な成果物から評価するだけでなく，再現が難しいスピーチやプレゼンテーションの発表，話し合い活動など，様々な学習過程や学習形態の中で多面的に評価することもある。そうした場合，例えば，グループ内での相互評価の他に，ICT機器やレコーダーで録画・録音をしたり，話し合いをするグループを限定し，他の学習者（聴衆）とともに指導者は評価しながら聞いたりするなど，評価方法の工夫や改善も求められる。

参考文献

澤本和子監修，国語教育実践理論研究会（2011）『新提案 教材再研究 ──循環し発展する教材研究〜子どもの読み・子どもの学びから始めよう〜』東洋館出版社.

国立教育政策研究所教育課程研究センター（2020）『「指導と評価の一体化」のための学習評価に関する参考資料【中学校 国語】』東洋館出版社.

（細田広人）

Q 17　読書の学習上の難しさとはどういうものか

1. 中学生・高校生の読書実態・読書環境と教師の関わりの難しさ

　小学校において読書をしていた子どもたちが，中学校・高等学校と学年が上がるにつれ，読書をしなくなる。全国学校図書館協議会による第65回学校読書調査では，2019年の5月1ヶ月の平均読書冊数は，小学生が11.3冊，中学生が4.7冊，高校生が1.4冊となっている。反対に0冊と回答した不読者の割合は，小学生が6.8％，中学生が12.5％，高校生が55.3％となっている。その原因として，中学生・高校生は部活動や受験勉強が忙しくて自由な時間に読書をすることができないということが指摘されている。実際，中学生・高校生が読む本は小学生が読むものよりは厚く，1冊読むのに時間がかかるという問題がある。

　加えて，国語の授業時数も少なくなり，1週間に1時間程度確保されていたいわゆる「読書」の授業時間がとられなくなるという，学校教育のカリキュラム上の問題も大きい。教科担任制になって，教諭は，子どもたちがどのような本を読んでいるのか小学校の学級担任ほどには気を配れなくなるのが実情であろう。好きな本を生徒自身が選択して好きに読む「自由読書」を中心にしていくと，一人ひとりの生徒がどのような本をどのように読んでいるのか，教師がその実態を把握するのは難しい。最大40人の児童を相手にすればよい小学校とは違い，中学校教諭・高等学校教諭は，複数学級・学年の生徒を対象にせねばならず，それぞれ読んでいる本も前述のように厚く読むのに時間がかかるから，全ての生徒が読んでいるものを中身まで読んで把握するのは，かなり難しいと言わざるを得ない。この結果，中学校・高等学校の読書指導は放任主義に陥ってしまい，実際のところ読書をする子どもたちの割合は減ってしまっている。国語科における読書の学習上の難しさは，まずこのような読書環境から出発しなければならないということであろう。

２．紹介系読書活動における不十分な学習

　最近増えてきたのが，自分が行った読書を，他の人に紹介するというものである。ビブリオバトルのようなものが典型であるが，教科書教材を読みつつ，自選の図書を読んで紹介するという場合もある。筆者はこれらをすべて「紹介系読書活動」としてその原理を整理した。

　紹介するという活動は，①演者（紹介をする側）と聴衆（紹介を受け止める側），②紹介の文化形式（発表，ブックトーク，スピーチ，読書新聞，ポップ，ポスター，書評など，かけられる時間や文章量などが異なる），③紹介内容（本の要約と感想）の３点があって成立する。

　しかし，これらが十分に指導されないまま，何となく不十分な紹介の活動が行われていることが，読書の学習を難しいものにしている。特に，紹介の文化形式に触れた経験が少ないので，生徒も迷ってしまうことが多い。これら３点の学習指導がきちんと積み重ねられていくことが重要である。逆に，この紹介系読書活動を十分に学習していくことができれば，先述のとおり，教師は生徒の紹介を通じて，生徒がどのような図書や読書材をどのように読んでいるか把握できることになる。

３．デジタルリテラシーとの関係の難しさ

　日本語の「読書」という語感のせいかもしれないが，読書というと小説などの文学ジャンルのものを紙の図書で読むことをまず思い浮かべる。しかし，これからの時代，デジタルコンテンツを読み書きする「デジタルリテラシー」はますます重要になってくる。読書の学習でもデジタルリテラシーを扱っていくべきである。

　国際学力調査PISAでは，15歳の生徒の読解力を測定しているのであるが，同時に質問紙調査で生徒の読書の取組を尋ねている。その中では「デジタルでの読みの活動」の頻度を尋ねている。具体的には，（1）Eメールを読む，（2）チャットアプリ等を用い，オンラインでチャットをする，（3）ネット上のニュースを読む，（4）ある特定のテーマで調べるためにネットで検索す

る，（5）ネット上で討論会またはフォーラムに参加する，（6）生活情報を
ネットで検索する（例：スケジュール，イベント，ヒント，料理のレシピ）
などの活動が日々の読書活動として調査されているのである。特に，2018
年調査では「月に数回」「週に数回」「日に数回」と回答した生徒の割合が，
（2）は94.6％，（3）は87.8％，（4）は94.7％と非常に高い。冒頭に1ヶ月に
読んだ冊数の平均や，0冊と回答した割合について述べたが，これからの生
徒に必要な読書力とは何かと考えた際に，デジタルリテラシーを視野に入れ
る必要がある。実際PISAの調査でも，2015年調査からCBT（コンピュータ
を用いた調査）に全面移行しており，デジタルリテラシーとの関連で読書の
学習を捉えていく必要がある。

　COVID-19の問題は，日本のデジタル環境整備の遅れを露わにしたが，読
書の学習でも，どのようなデジタルコンテンツをどのように指導していけば
よいか研究が遅れており，そのことが読書の学習を難しいものにしている。

参考文献

足立幸子（2012）「中学校現場に適した二人組交流型読書指導法『パート
　　　ナー読書』の開発」『新潟大学教育学部研究紀要人文・社会科学
　　　編』4（2），pp.103-128.

足立幸子（2020）「紹介系読書活動の原理」『月刊国語教育研究』575，pp.
　　　28-31.

足立幸子（2020）「国際学力調査から考えるデジタルリテラシーを育てる
　　　学習材」『月刊国語教育研究』583，pp.4-9.

（足立幸子）

Q 18　書写学習上の難しさとはどういうものか

1．我が国の言語文化としての「書写」

　書写は，国語科の〔知識及び技能〕における「我が国の言語文化に関する
事項」の一領域である。この「我が国の言語文化」とは，「我が国の歴史の
中で創造され，継承されてきた文化的に価値をもつ言語そのもの，つまり文
化としての言語」，「それらを実際の生活で使用することによって形成されて
きた文化的な言語生活」，「古代から現代までの各時代にわたって，表現し，
受容されてきた多様な言語芸術や芸能など」であるとされる。こうした，言
語文化の一領域である書写の中学校における学習の難しさには，以下の3点
が考えられる。
① 小学校における「書写」との違いを意識することの難しさ
② 高等学校における芸術科書道への接続を図ることの難しさ
③ 生徒の主体的な学びを実現することの難しさ

2．小学校における書写との違い

　小学校における書写では，毛筆，硬筆ともに楷書で書くための指導が行わ
れているが，高学年において「書く速さを意識して書くこと」が求められる
ようになる。中学校においては「読みやすく速く書くこと」が重視され，そ
のための技能として行書の学習が始まる。あわせて第2学年からは，行書に
調和する平仮名や片仮名が求められる（図6-18-1）。もともと平仮名は，草
書をさらに崩した文字であり，片仮名は楷書の一部である。そのため漢字の
行書に合わせた仮名の書き方が求められるのである。
　楷書と行書の違いとして，楷書には一点一画が明確であり，小学生や中学
生にも整った字形を判別しやすいという特徴がある。これと異なり，行書に
は下記①〜⑥に示したように，点画の筆遣い，字形，筆順等に多くの変化が
生じるため，中学生が戸惑うことが予想される。また，行書は速く書くこと

を意識し過ぎると乱雑に書いても構わないという誤解が生じることもある。指導の際，行書は，楷書よりも速く書くことができ，草書よりは読みやすい書体であることを意識させ，丁寧に書くことを心がけさせたい。

図6-18-1 行書に調和する平仮名の例
（全国大学書写書道教育学会, 2020, p.106）

　行書の特徴は以下の通りである。(全国大学書写書道教育学会2020, p64)

① 点画の性質は，曲線的で丸みがある

② 点画の筆遣いでは，止め・はね・払い等が変化することが多い

③ 点画の筆遣いでは，連続することが多く，省略することもある

④ 字形は楷書に準じるがやや流動的である

⑤ 筆順は楷書に準じるが，一部異なることがある

⑥ その他の特徴として，読みやすさを保ち速書きに適する

　歴史的に見れば，行書は毛筆で書く際に最も実用的な書体として手紙文などで使用されてきた。しかし，硬筆が普及し，現代のような情報入力機器が多用される社会においては，毛筆による速書きの方法としての行書の意義を見いだすことが難しくなってきている。とはいえ，中学校の書写において毛筆で行書を学習する意義として，「硬筆による書写の能力の基礎」を習得することがある点を押さえておきたい。

３．高等学校への接続

　国語科としての「書写」の学習は小学校から中学校までの期間である。これを毛筆書字教育として見れば，「高等学校学習指導要領」では芸術科における書道として，芸術的な表現や鑑賞の学習に移行する。こうした，教科の変更がある高等学校への接続を考えた場合，中学校の書写から芸術科書道へ

いかにして円滑に移行していくかを考えておく必要がある。このような意味では，前節で述べた毛筆による行書の学習は，小学校の楷書の学習から発展させた硬筆の基礎力の育成というだけではなく，芸術科書道における行書学習の基礎を育成するという２つの側面があるといえる。

　中学校における行書の学習のほかに高等学校への接続を意識した学習内容について触れておきたい。３年生の内容の書写の内容には，「(ア) 身の回りの多様な表現を通して文字文化の豊かさに触れ，効果的に文字を書くこと。」とあり，これまでの学習に加えて広く文字文化に触れるような学習が求められている。ここでは，身のまわりで見かける文字について，他者意識と目的意識に着目させるだけではなく，手書き文字と活字体に注目させたり，毛筆における五書体（篆書，隷書，楷書，行書，草書）のいずれかを考えさせたりすることも有効である。このように，広く文字文化に触れるためには，活字体における書体の違い（明朝体，ゴシック体，教科書体）などに注目させ，用途の違いについて考えることにもあわせて取り組んでいきたい。

　一方で，「高等学校学習指導要領」では，国語科に「現代の国語」および「言語文化」が新設され，中学校書写との関連を図ることが求められている。例えば，「現代の国語」の「内容の取扱い」には，「イ〔B書くこと〕に関する指導については，中学校国語科の書写との関連を図り，効果的に文字を書く機会を設けること。」とあり，「言語文化」についてもほぼ同様の記述がある。

　以上みてきたように，高等学校には「書写」という領域名は存在しないものの芸術科の「書道」や国語科の「現代の国語」などに接続する内容であることを十分に留意して指導していく必要がある。

4．主体的な学びの実現

　現行の「学習指導要領」においては，全教科にわたり「主体的・対話的で深い学び」の実現が求められている。しかしながら，〔知識及び技能〕の領域である書写は，教科書や手本を見て文字を書き写すという技能的な側面が大きいため，生徒の主体的な学びを実現することが難しい領域である。

文字を日常生活に生かすことを目的とするならば，書写において，看板やポスターなどの掲示物や新聞作成などが考えられる。ここでは，生徒が伝えたい内容と効果的に伝える方法について話し合う活動などが想定される。

　そのほか，伝統的な言語文化の学習と関連付け，語彙「四字熟語集をつくろう」，漢文「論語集をつくろう」や，古文「短歌集をつくろう」などのような授業案が考えられる。それぞれ伝統的な言語文化として古典の知識を学習した後，学校図書館を活用して，生徒自身の調べた論語の文や，短歌などを硬筆や毛筆で書写していくのである。このように，音読や現代語訳だけではなく，文字を書くことを通して古典に親しむことも方法の一つである。

　以上みてきたように中学校の書写指導の難しさとその対応策について検討してきた。書写の学習の難しさを乗り越えるためには，小学校の学習を基礎に言語文化の一領域として学習内容を幅広く捉え，高等学校への円滑な接続を図っていく必要がある。

参考文献

文部科学省（2018）『中学校学習指導要領解説　国語編』東洋館出版社.
文部科学省（2019）『高等学校学習指導要領解説　国語編』東洋館出版社.
全国大学書写書道教育学会（2020）『国語科書写の理論と実践』萱原書房.

（鈴木貴史）

Q 19　中学生の書写学習の難しさとはどのようなものか

1．書写に対する苦手意識 ──「規範」の捉えでのつまずき ──

　書写指導では，社会において使用される公的文字を素材とし，コミュニケーションするうえで効果的に機能する字形やその字形を形成する書き方（書写技能）を「規範」として指導内容に位置付けている。例えば，書写教科書のいわゆる手本は，「規範的な書写技能」を用いて書いた「規範的な実現形の一例」という若干の振幅を前提とした位置付けになっている。

　しかし，この「規範」は，学習者に絶対的な模範と誤解されやすい。絶対的な模範という認識が学習者に浸透すると，手本というピラミッドの頂点に近づくための「模倣」という表面的な学びに陥りやすく，字形の構成原理や書写技能への理解は学習者の中で一般化されにくくなる。また，手本の字形をピラミッドの頂点とした優劣の序列が生徒間にできてしまい，序列下位の生徒は苦手意識を強くして書写への興味を失うようになってしまう。

　中学校入学時の生徒の書写力の実態は多様である。小学校では第3学年以上の各学年で年間30単位時間程度の配当であるが，実際の実施時数や指導実態は小学校ごとに異なっている場合が多く，自らの書写力に自信をもって入学してくる生徒がいる一方で，強い苦手意識を感じたまま入学してくる生徒も少なくない。小学校の6年間で醸成してきた苦手意識は強固であり，そこから自身で抜け出すのは中学生にとってかなり難しいことである。

2．書写の学びに対する目的意識のもちにくさ

（1）書写という概念の曖昧さ

　書写と書道は，ともに文字を書く技能を学習内容とするという点で共通している。また，歴史的には実用的な書字活動から芸術的な書表現活動へと昇華していった過程が認められ，両者には内容的な連続性がある。それゆえに「書写・書道」という括りで並び称されることが多い。しかし，両者は国語科

と芸術科という違う教科に位置しており，その理念・目標はそれぞれに異なる。書写では，日常生活や他の学習活動に生きる書写力の育成を目指し，書道では，多様な書美の表現力や鑑賞力の育成を目指す。

　しかし，現実的には，「国語を向いた書写の実践」と「書道を向いた書写の実践」とが混在し，授業実践の指向性にばらつきが認められる。また，新聞紙上では「書道」という枠組みで小学生の毛筆作品が掲載され，近所の「書道」教室では学校の「書写」と同じような教材で指導が行われる。テレビではアナウンサーが「小学校の『書道』の授業」などと平気で言う。このような混沌とした情報の中で学びを成立させている子どもに，「書写」と「書道」のねらいの違いを認識させるのは容易なことではない。生徒は，「毛筆を使って字を書く世界や学ぶ場がある」というレベルで抽象化して理解しており，「書写」と「書道」の区分のはっきりしない曖昧な概念が形成されていると考えられるのである。

　書写指導は，これらの混同を払拭するほどの差別性をもったカリキュラムや内容で構成されているわけではない。そうであるならば，生徒が書写指導の目的を自身の目的として理解することは難しいであろう。

（2）ふだんは使わない毛筆という学習具の存在

　書写の授業では主に毛筆と硬筆とを使用するが，毛筆一辺倒の授業や展覧会出品を目的とする授業のあり方は，学習に向けた子どもの目的意識を日常から乖離させてしまう。また，毛筆という扱いが特殊な筆記具を使用するため，書写は独立した指導形態を取ることが多く，そのことが生徒に国語科における書写の役割を見えにくくする原因にもなっていて，学習に向けた子どもの目的意識を見失わせることにつながっている。毛筆学習で習得した技能が硬筆技能に転移するような工夫を授業に取り入れ，日常の書字活動に生かすことへの意識化を徹底すること，また，「書くこと」や「文字に関する事項」との連携を進めて国語科全体に機能する書写であることを明示することなどは，昭和50年代頃から言われ続けてきたことであるが，毛筆という存在はそれらの努力を無にしてしまうほどに生徒にとってインパクトのある学習具なのである。

（3）情報化社会と書写指導の現状との乖離

　情報化が加速する現代社会において，手書きの機会は完全にパブリックシーンからプライベートシーンへとその比重を移した。中学校では，スマートフォンやタブレットをもっている生徒の方が多数派になりつつあり，情報技術に関する知識・技能はこれからの時代を生きる生徒の必須にもなっている。このような社会において，書写技能というアナログスキルを学校教育という場で学習することに，生徒は今後ますます学びの意義を見いだしにくくなり，書写の学びに目的意識をもちにくくなっていくであろう。現行の学習指導要領が，字形規範及びその書き方規範を指導する国語科書写の意義を，広く文字文化の学びという枠組みで捉え直そうとしている所以である。これからの時代に求められる書写力とは何かを生徒に問いかけながら，文字文化を継承・創造する主体としての生徒を育てていくことが課題である。

3．インクルージョン，ユニバーサルデザイン，SDGsへの対応

　「インクルージョン」，「ユニバーサルデザイン」，「SDGs」などをキーワードとして，多様な個の学びを保証する書写指導のあり方を追究する方向に動き出している。文字規範の習得をねらいとする一斉指導のもとでこれまで見過ごされがちであった文字マイノリティに焦点を当てることが求められるのであり，現在は，認知・運動といった学習者の能力面だけでなく，メンタル面にまで踏み込んで個々の学習者を理解し，書写の授業開発につなぐ方法を模索し始めている。しかし，今後「多様な個の学びを保証する」という方向性を突き詰めていくと，文字規範の捉え方のレベルから見直しが必要になることも考えられ，連動して，現在の書写指導のねらい，カリキュラム，取り立て指導としての位置付けなどが見直される可能性も排除できない。

　書写指導の今後はたいへん不安定である。特に中学校の書写指導は，文字を書くことの基礎・基本の学びの場である小学校と比べた場合，より不安定な位置にあると言える。テーマとは少しずれるが，その不安定さが中学校の書写指導の今後を難しくするかも知れない。

（松本仁志）

第7章

国語科教材研究の視点

Q1 話すこと・聞くことの指導の目標とは どういうものかを述べなさい

　話すこと・聞くことの指導の目標は，学習指導要領において，話すことに関する事項，聞くことに関する事項，話し合うことに関する事項によって構成されており，学習過程に位置付けて，ア：話題の設定，情報の収集，内容の検討／イ：構成の検討，考えの形成（話すこと）／ウ：表現，共有（話すこと）／エ：構成と内容の把握，精査・解釈，考えの形成，共有（聞くこと）／オ：話合いの進め方の検討，考えの形成，共有（話し合うこと）の5つに整理して表7-1-1のように『中学校学習指導要領解説　国語編』（2018年）に示されている。

　アの事項では，話題について目的や場面に応じて「日常生活」から「社会生活」へ目を向けさせるようになり，「異なる立場」や「多様な考え」を想定しながら材料を整理して伝え合う内容を検討することとしている。

　イの事項では，小学校の中学年以降，論理的な思考に基づく自分の考えを伝えるための構成の工夫が段階的に取り上げられている。「理由や事例などを挙げながら，話の中心が明確に」→「事実と感想，意見とを区別」（以上，小学校）に続き，中学校での「中心的な部分と付加的な部分」，「根拠の適切さ」，「論理の展開」へと引き継がれている。情報の扱い方に関する項目と密接に関連して，論証に関する主張と事実（根拠）と理由づけ（三角ロジックともいう）の学習が必要になる。

　ウの事項で，中学校では発音・発声に関することは取り上げられていないが，〔知識及び技能〕の「(1) 言葉の特徴や使い方に関する事項」で，「姿勢や口形，発声や発音」，「言葉の抑揚や強弱，間の取り方など」の小学校での学習を踏まえることになっている。中学校としての強調点は「相手の反応」や「場の状況に応じて」自分の考えが伝わるように表現を工夫することにある。話し言葉で伝えるための方法には，結論先行型の構成，内容を整理する

表7-1-1　「話すこと聞くこと」の指導事項

	第1学年	第2学年	第3学年
話題の設定,情報の収集,内容の検討	ア　目的や場面に応じて,日常生活の中から話題を決め,集めた材料を整理し,伝え合う内容を検討すること。	ア　目的や場面に応じて,社会生活の中から話題を決め,異なる立場や考えを想定しながら集めた材料を整理し,伝え合う内容を検討すること。	ア　目的や場面に応じて,社会生活の中から話題を決め,多様な考えを想定しながら材料を整理し,伝え合う内容を検討すること。
構成の検討,考えの形成（話すこと）	イ　自分の考えや根拠が明確になるように,話の中心的な部分と付加的な部分,事実と意見との関係などに注意して,話の構成を考えること。	イ　自分の立場や考えが明確になるように,根拠の適切さや論理の展開などに注意して,話の構成を工夫すること。	イ　自分の立場や考えを明確にし,相手を説得できるように論理の展開などを考えて,話の構成を工夫すること。
表現,共有（話すこと）	ウ　相手の反応を踏まえながら,自分の考えが分かりやすく伝わるように表現を工夫すること。	ウ　資料や機器を用いるなどして,自分の考えが分かりやすく伝わるように表現を工夫すること。	ウ　場の状況に応じて言葉を選ぶなど,自分の考えが分かりやすく伝わるように表現を工夫すること。
構造と内容の把握,精査・解釈,考えの形成,共有（聞くこと）	エ　必要に応じて記録したり質問したりしながら話の内容を捉え,共通点や相違点などを踏まえて,自分の考えをまとめること。	エ　論理の展開などに注意して聞き,話し手の考えと比較しながら,自分の考えをまとめること。	エ　話の展開を予測しながら聞き,聞き取った内容や表現の仕方を評価して,自分の考えを広げたり深めたりすること。
話合いの進め方の検討,考えの形成,共有（話し合うこと）	オ　話題や展開を捉えながら話し合い,互いの発言を結び付けて考えをまとめること。	オ　互いの立場や考えを尊重しながら話し合い,結論を導くために考えをまとめること。	オ　進行の仕方を工夫したり互いの発言を生かしたりしながら話し合い,合意形成に向けて考えを広げたり深めたりすること。

（文部科学省『中学校学習指導要領解説　国語編』2018, p.30）

　ラベリングとナンバリング, 最後に大事なことを確認する反復などを基本的なものとして身に付けさせたい。資料や機器の活用も, 伝えるための手段として, 条件が揃えば新しいものへも挑戦したい。

　エの事項では, 聞くことについて,「必要に応じて記録したり質問したりしながら」→「論理の展開などに注意して」,「話し手の考えと比較しながら, 自分の考えをまとめる」→「話の展開を予測しながら」,「内容や表現の仕方を評価して, 自分の考えを広げたり深めたりする」となっており, 小学校の指導事項と重なりつつも,「内容や表現の仕方を評価」することが加

わっている。

　オの事項では，話し合うことについて，「互いの発言を結び付けて」→「互いの立場や考えを尊重しながら」→「進行の仕方を工夫したり互いの発言を生かしたりしながら」「合意形成に向けて考えを広げたり深めたりする」と示されている。話し合うことで，はっきりしていなかった自分の考えが意識できるようになり，相手との違いも明らかになることによって，一種の自己否定も受け入れながら，新たな考えができあがっていく。そういう協働作業による達成感をぜひもたせたい。

　言語活動例について見ていくと，紹介，報告，説明，提案，主張などが取り上げられ，質問，助言，評価などを述べることになっている。話し合うことでは，議論や討論をする活動が取り上げられている。これらの場は，国語の時間だけに限って行われるものではなく，積極的に教育活動に取り入れられてきているものであり，そのような場で生かせる力を国語の授業で付けていきたいものである。

参考文献

位藤紀美子監修（2014）『言語コミュニケーション能力を育てる ── 発達調査をふまえた国語教育実践の開発』世界思想社.

（田中智生）

Q2　話すこと・聞くことの力はどのように　発達するかを述べなさい

1．「話すこと・聞くことの力」概念と「発達」概念の整理

　論じるにあたってまず確認しておきたいのは，発達という概念と，話すこと・聞くことの力を成長発達の視点から捉えることの相違である。「話すこと・聞くことの力」という概念は学力論の範疇にあり教育的視点からの概念であるため，そこには成長という前提となる了解が存在している。一方「発達」とは，心理学領域では「人間の心理的及び身体的側面を対象とし，人間の誕生（受精）から死に至るまでの心身の変化」（無藤・子安編，2011, p.1）とされており，発達は必ずしも成長を意味してはいない。ただし，学習が発達に密接に関わることは明らかである。これまでもヴィゴツキーの発達の再近接領域論や，ブルーナー（J.S.Bruner）が提唱した，発見的学習法が直感的思考の発達を助長する等の指摘があり，学校教育を介した働きかけが発達を促進し，また生徒の発達状態が学習内容の適時性に反映することは明らかである。このような発達と学習の相互作用関係を念頭に置いて学習をレイアウトしていくことで，「話すこと聞くことの力」の成長は促されるのである。

2．児童期（小学校1年から6年）における発達の節目

　話すこと聞くこと話し合うこと（以下当該領域と記す）の力の発達は，児童生徒の認知面，言語面，社会性面の発達が関係している。認知面については，5歳後半ごろ，第二次認知革命が現れ，因果関係の理解・プラン能力・メタ認知が連携協働するようになり話しかけたりする仲間同士のコミュニケーション能力が向上し，説得や交渉が成立するようになる（内田，2014）。また，9・10歳期に，メタ認知に関わる発達的変化がこの期を境として内的に生じるとされる。言語面に関しては，7・8歳期に深まりをみせる一次的ことばとしての話しことばと，あらたに獲得される二次的ことばとしての話し

ことばと書きことばの3者が現れる（岡本，1985）。話し合う力を育てる際に留意すべき，他者との関係に関する社会性の面では，友達とはどんな人かという問いに関して，低学年ではいつも遊ぶ人，中学年では互いに助け合う人という内面に関わる意識が生まれ，高学年では，尊敬や共鳴によって精神的に結び付いている人という意識が生じてくるという（無藤・子安編，2011）。高学年以降は，話題や話し合う目的などの諸要素を意識して話したり聞いたりすることも可能になり，協働して論理的探究を進める関係も成立する（山元，2016）ため，お互いの考えの交換による納得・啓発・共創が生じる話合いへ進み，社会における話合いの大切さと価値を体得することへ導きたい。

3．青年期前期（中学生）における発達の節目

青年期は，一般的に青年期前期（中学生），青年期中期（高校生），青年期後期（大学生）と区分される。笠原（1976）は，青年期について10歳，14歳，17歳，22歳頃に発達の節目があるという（笠原他編，1976）。14歳頃は，「大人になりつつある自分の身体と出会い，進路を現実的に考えはじめ，親子や親密な友人関係の中での自立が課題」であるとされる（無藤・子安編，2013）。認知の発達に関しては，青年期は「飛躍的な認知発達をもたらす臨界期」であり，情報処理能力の側面である，複数の情報を同時に注意したり，メタ認知を働かせて，目標設定，プラニング，自分の思考過程の自覚，自己制御を行うことが青年期でピークに達するとされている（無藤・子安編，2013）。言語面に関していえば，抽象的思考が進み，仮説演繹的思考（もし〇〇ならばこういうことになる），組み合わせ的思考（これらの事象をこの観点から見れば〇〇が最も…），命題的思考（現実ではなく抽象のレベルで論理的に考える）等の形式的操作が11，12歳頃に生まれ，15，16歳頃に安定するという（無藤・子安編，2013）。他者との関係に関する社会性については，自分とは何かと問われたときに自己を仲間関係の中で位置付けることが青年期において重視される。しかし，青年期自己中心性によって，自己の関心内容と自分が推測する他者の関心内容を分化できず，自分がこう思っているからみんなもそう思っていると思いがちである。自己と他者を切り分ける

自立性を育てることがこの期の課題となるだろう。また進路の選定を迫られる人生のステージにあって，自分はこうなりたいという理想自己も生じてくる時期であり，自己理解のレベルが高まってくる。

　このようなことから，当該領域の指導は，自分と他者とは異なる存在であるという意識の元，個人の自立性を高めることが肝要であろう。そのためには，自分ひとりで解決するよりも他者の考えを聞いた方がよいという状況をつくり，課題を協働で解決する話合い学習を仕組むことがよいだろう。メタ認知能力の飛躍的な発達を見据えて，形式的操作による論理的な思考を働かせて話す活動も積極的に行いたい。学習が聞き合い話し合うことの効果を体得することにつながれば，理想自己のイメージにそれが反映され，聞き合い話し合うことに価値を見いだし，よりよい市民性と民主的な社会認識をもった人として成長発達することが期待できる。この成長を促す要因として，教師の働きかけによって生じる学級のコミュニケーション文化の形成は見逃せない。学級の中に，そこにいることへの安心感・信頼関係・仲間意識を形成することが聞き合い話し合う力を育てる土台に必要である。受容的共感的に関わり合う学級集団作りという情意的な土壌形成を意識し，絶えず継続的に支援することにより，当該領域の成長発達は促されよう。

参考文献

無藤隆・子安増生編（2011）『発達心理学 I 』東京大学出版会.

内田伸子（2014）「乳幼児の論理的思考の発達に関する研究 ── 自発的活動としての遊びを通して論理的思考力が育まれる」『保育科学研究5』日本保育協会.

岡本夏木（1985）『ことばと発達』岩波書店.

山元悦子（2016）『発達モデルに依拠した言語コミュニケーション能力育成のための実践開発と評価』渓水社.

笠原嘉（1976）「今日の青年期精神病理像」笠原嘉他編『青年の精神病理1』弘文堂.

無藤隆・子安増生編（2013）『発達心理学 II 』東京大学出版会.

（山元悦子）

Q3 話すこと・聞くことの学習指導には どのようなものがあるかを述べなさい

1. 計画的・継続的な指導

　話すこと・聞くことは，書くことや読むことよりも日常的であるから特段の指導は必要ないと考えられた時代もあった。確かに話すこと・聞くことは日常的ではあるが，だからと言って論理的に思考し，他者に配慮しながらそれらが行われているわけではない。また，これまで評価や指導の難しさ，あるいは入試問題になりにくいこと等から，組織的な指導がなされているとは言えない現状もある。

　中学生であれば，当然学級の雰囲気にも敏感であるから，無理に話すことや話し合うことをさせるべきではないが，相互の信頼に培うような文化の醸成を意識し，それに機能するような学習を入念にするべきであろう。それは，子どもそれぞれに発言するべき価値のある発言ができるように教師が準備するということ，他者の発言を聞いた時に自分の世界が開けたような感じがあることを共有することでもある。真に聞くべき時に他者の発言を聞き，納得したり，窓が開かれたような体験をするように意図的に仕組み，その価値を共有することも大切である。

　また，教師の話し方や聞き方についても留意するべきであろう。連絡事項や指示，説明等，教師は話す機会が多いが，教師がまとまりのない話を聞かせることのないように，日頃から話す内容については分類整理し，構造化すること，話し方についてもメタ言語を有効活用して，わかりやすくなるように工夫するべきである。ただ，情報を関係付けながら聞くという能力を育てるうえからは，懇切丁寧に何度も繰り返すことはしない。話の内容を子ども自身が再構築したり，示された情報を関係付けて判断することがあるなど，子どもの中に何を育てるかということを考えて工夫したい。こうした教師の話し方だけではなく，授業中に目的や準備をせずに「話し合ってごらん」と

「気軽に」指示することも避けるべきである。

2.　指導の具体

（1）メモの取り方についての指導の実施

　話すこと・聞くこと・話し合うことは，瞬間的なことであり，文字化は難しい。しかし，記録をしておくこと，自分の話を構築するうえでもメモの活用，構造的なメモについての指導も重要である。言われたこと，黒板に書かれたことを書くという習慣から脱し，自分で考えてメモをするための学習を重ねる必要がある。例えば書く速度に対する訓練をすること，単語メモにすること，単語相互の関係性を示すこと（ここで関係の種類については学習する必要がある），記号化や簡略化すること，あるいはメモを見渡して，そこから対立点や共通項を見いだすこと，メモに基づいた話を再構成すること等である。これらを楽しみながら，他者のメモを鑑賞し合いながら行うことは，相互の信頼に培うような文化の醸成に機能する。

（2）独自の教材作成

　教科書には，話し合いの展開や司会の役割，発言の仕方を示した台本スタイルの教材も載っている。話し合いの展開や司会の役割などを理解させるには適していると思うが，意見を検討しながら共通理解を深めていく過程については必要な思考を分割しながら示す必要がある。また，子どもの実態と即応しているかどうかという視点からの検討も必要になる。

　中学生は自己を客観視できる年齢であることから，自覚的，意識的に必要な学習を選択させるためには，実態とモデル的なものを比較して必要な学習を見つけ出すということも考えられよう。

　例えば，意見を検討しながら共通理解を深めていく過程には，意見相互を比較して違いを理解することや，意見相互を比較検討した後に分類整理すること，その場に出されていない視点を探すこと等の思考操作が必要になる。それを一度に全て行うことは難しいので，意見相互を比較する際に，どのような点に着目し，どのように考えていくのかについて，子どもの具体的な言葉で台本のように示し，そこでどのような思考を示しているかについて解説

をした台本を教材として作成することも考えられる。

　大切なことは，教師が捉えた子どもの姿を聞く，話すという言語活動を成立させるに必要な知識やそれを用いて行う知的操作と照合させながら，必要な学習内容を含んだ教材を作成することではないだろうか。その過程が，子どもの姿を捉える目と，必要な知識と知的操作についての理解を進化させることにもなる。細やかにしていくことにもなる。

（3）他者の「道のり」への敬意と葛藤への配慮

　これは，子ども相互だけではなく，教師が子どもに対して意識するべきことである。

　他者の「道のり」について，金子（1976）が，対話場面における他者を「特定の道のりを歩んできて，ある時点において私の道のりと邂逅することになった」者と記述している。相手の中に見えないけれども存在している歴史（「道のり」）に対し敬意を払うことなしには，どのような話し合いも成立しない。また子どもたちは，あるべき，望ましいとされる外側の価値観（「外部権威」）に対し，潰されそうになりながら，飲み込まれそうになりながらも，自分の考えや自分の実現したい思い（「内部権威」）を守っている。

　表面的には無表情であっても，そうした「外部権威」と「内部権威」（Baxter，2014）の葛藤が生じているであろうことに思いをいたらせること，状況によっては見守り，あるいは背中を押すような関わりをしながら，その人が自分の人生を生きることを支援する者として教師が存在することこそが，話す・聞く・話し合うことの学習の基盤となる。

参考文献

Baxter（2014）Self-Authership. New direction for higher education. Vol. 2014, No. 166.

金子晴勇（1976）『対話的思考』創文社.

文部省（2018）『民主主義』角川書店.

若木常佳（2001）『話し合う力を育てる授業の実際 ── 系統性を意識した三年間』渓水社.

（若木常佳）

Q4　書くことの目標とはどういうものか

　書くことの指導の目標は，学習指導要領において，ア：題材の設定，情報の収集，内容の検討／イ：構成の検討／ウ：考えの形成，記述／エ：推敲／オ：共有の5つの学習過程に沿った観点から指導事項として取り上げられている。表7-4-1は，『中学校学習指導要領解説　国語編』(2018年) に整理して示されたものである。

表7-4-1　「書くこと」の指導事項

	第1学年	第2学年	第3年
題材の設定，情報の収集，内容の検討	ア　目的や意図に応じて，日常生活の中から題材を決め，集めた材料を整理し，伝えたいことを明確にすること。	ア　目的や意図に応じて，社会生活の中から題材を決め，多様な方法で集めた材料を整理し，伝えたいことを明確にすること。	ア　目的や意図に応じて，社会生活の中から題材を決め，集めた材料の客観性や信頼性を確認し，伝えたいことを明確にすること。
構成の検討	イ　書く内容の中心が明確になるように，段落の役割などを意識して文章の構成や展開を考えること。	イ　伝えたいことが分かりやすく伝わるように，段落相互の関係などを明確にし，文章の構成や展開を工夫すること。	イ　文章の種類を選択し，多様な読み手を説得できるように論理の展開などを考えて，文章の構成を工夫すること。
考えの形成，記述	ウ　根拠を明確にしながら，自分の考えが伝わる文章になるように工夫すること。	ウ　根拠の適切さを考えて説明や具体例を加えたり，表現の効果を考えて描写したりするなど，自分の考えが伝わる文章になるように工夫すること。	ウ　表現の仕方を考えたり資料を適切に引用したりするなど，自分の考えが分かりやすく伝わる文章になるように工夫すること。
推敲	エ　読み手の立場に立って，表記や語句の用法，叙述の仕方などを確かめて，文章を整えること。	エ　読み手の立場に立って，表現の効果などを確かめて，文章を整えること。	エ　目的や意図に応じた表現になっているかなどを確かめて，文章全体を整えること。
共有	オ　根拠の明確さなどについて，読み手からの助言などを踏まえ，自分の文章のよい点や改善点を見いだすこと。	オ　表現の工夫とその効果などについて，読み手からの助言などを踏まえ，自分の文章のよい点や改善点を見いだすこと。	オ　論理の展開などについて，読み手からの助言などを踏まえ，自分の文章のよい点や改善点を見いだすこと。

(文部科学省『中学校学習指導要領解説　国語編』2018年, p.34)

アの題材に関しては，「日常生活の中から」（第1学年）→「社会生活の中から」（第2・3学年）と範囲を広げている。情報の収集及び内容の検討という点では，小学校の比較，分類，関係付けなどの操作を通して「集めた材料の客観性や信頼性を確認」して伝えたいことを明確にすることが示されている。〔知識及び技能〕の「情報の扱い方に関する事項」の項目でも，「原因と結果など」（第1学年），「意見と根拠，具体と抽象など」（第2・3学年）情報と情報との関係について理解を深めることが挙げられており，思考内容を明らかにしつつ表現する活動としての指導事項が示される一方，「表現の信頼性を担保するため」として，「比較や分類，関係付けなどの情報の整理の仕方，引用の仕方や出典の示し方について理解」を挙げている。

　イの構成の検討では，「段落の役割などを意識して」（第1学年）→「段落相互の関係などを明確にし」（第2学年）→「論理の展開などを考えて」（第3学年），文章の構成や展開を考えたり工夫したりすることを示している。最終的に多様な読み手を説得できるようにすることを求めている。〔知識及び技能〕の「文や文章」の項目で，「指示する語句と接続する語句の役割について理解」（第1学年）や「文章の種類とその特徴について理解」（第3学年）など話し言葉にも共通する事項として示されていることと関連付けた指導にあたる必要がある。

　ウの考えの形成，記述では，自分の考えを伝えることを中心に，根拠を明確にすること，説明や具体例，描写の活用，資料の引用などが取り上げられている。アで示した「情報の扱い方に関する事項」は，考えの形成，記述にも重なる。

　エの推敲は，文章表現に欠かせない活動として小学校から途切れることなく指導事項に挙げられている。「読み手の立場に立って」，「目的や意図に応じ」文章を整える姿勢が求められる。

　オの共有では，学習場面ならではという側面もあるが，共有活動の成果を自らの力に変えていくことができるかどうかは，文章表現力においても大きく影響する。何より，共有は言語の中心的な機能である。「根拠の明確さ」，「表現の工夫とその効果」，「論理の展開」などについて読み手からの助言を

踏まえて自分の文章のよい点や改善点を見いだすことを求めている。

　どのような言語活動で上記の指導事項を達成していくかの例示では，説明的な文章には，説明や記録，それを元にして考えたこと，批評などが取り上げられている。実用的な文章には，案内や報告，手紙やメールが取り上げられ，情報を編集する活動も加えられている。文学的な文章では，詩，随筆，短歌，俳句，物語などが配置され，感性的な豊かさを求める活動が位置付けられている。

　書くという言語活動には，他者に情報を伝え共有するという社会的機能（説明，報告，主張，手紙など）の他，書き表していくことで認識思考を整理し深めていくという個人的機能（構想表，下書き，日記，生活文など），書き表した作品が文化的に共有されていくという文化的機能（物語，詩，短歌，俳句，生活文など）を想定することができる。書くことの学習の目標は，これらの機能を活用できるようにすることだと言える。

（田中智生）

Q5 書くことの力はどのように発達するか

書くことの学習では，様々な目的や状況に応じて適切な内容・形式を選んで書く力を育てることがめざされる。選べるようになるまでに，児童生徒がどのような発達の道すじをたどるのか，その全体像から捉えていきたい。

1. 発達の道すじ

子どもは，身の回りの大人と話すことで言葉による表現が始まる。4歳頃から文字への関心が高まり，小学校入学時には8割の子どもが文字を書けるようになっている。この時期の子どもたちが書く文章は自分中心的な内容・形式であり，自由な考えや感情に従っているためほとんど体系化されていない。相手に自分の書いている内容が自分の思う通りに理解されることを信じており，目的・相手を意識して書くこともない。書くことで何らかの目的を果たしたり，想像的な記述をしたりすることもあるが，それらは意識的なものではなく無意識かつ未分化な状態で混在している。それが幼児期から学童期始まりに見られる書く力の姿であり，その後の発達への「起点」となる。

学校教育において子どもたちは，ルールとしての「書き方」についての知識や技能を学び，書くことの社会的な役割に関する力を身に付ける。書くことによって情報を与えたり考えを伝えたり，記録したりするなど，生きている現実社会で目的を効果的に達成するための形式や構成を自分の文章に取り入れる。それは，自分が身を置く現実社会への適応に向かう発達といえる。

その力が発達していくと反対に，現実社会で何かを達成するためのルールから逃れようとする意識も発達していく。つまり，現実社会において効果のある，目的に対して正しい書き方かどうかが重要になる方向とは逆の，自分自身がどう感じるかを重要視する方向への発達である。日々身に付ける，形式，構成，表現，語彙などの目的に応じた正しい書き方に距離を置いて，言葉について考え，言葉を選び，入れ替えていく。いわば，「正しさ」への内

面からの挑戦であり，芸術として書く姿ともいえる。その最たるジャンルは詩であるが，世の中で詩と呼ばれる作品のみが該当するのではない。どのようなものを書いている時でも，自分の満足いくものに仕上げるために少し立ち止まって語彙や形式，構成について熟考しているその瞬間がすべて該当する。

　現実社会における目的を達成するため，またはその制約から逃れて自分が満足する言葉の選び方や並べ方について熟考するため，という2つの要求を満たそうとしたり，本や文章を読むことでそれらを満たせる形式や構成，語彙を自分の中に取り込んだりすることで，どちらの方向へも書く力は伸びていく。さらに，現実社会とかかわるために書く方法を身につければつけるほど，距離を取って眺める対象の増加につながることから，これら2方向の発達は互いに相乗的な関係にあるといえる。

　どちらの方向に進むとしても，自分の思考や感情の流れに任せて綴るように書いていた「何も意識しない自分」を起点として，徐々に「社会」・「言葉」への意識が逆方向に伸びる形で相乗的に強まっていく。しかし，それらの意識が強まるに従って「何も意識しない自分」が消失するわけではない。親しい人に手紙を書いたり，紙の上で思考したり，その時の気分や考えを思いのまま日記に書き綴るような場面では，社会での目的を果たす要求からも満足のいく言葉を見つける要求からも解放され，「何も意識しない自分」を選択している。それは，どのようなものを書くとしても何も意識しない，未分化な形で書いていた幼児期とは明らかに異なる「選択」ができていることを意味する。熟達した書き手は，書こうとした時や書いている最中に，現実社会と効果的にかかわろうとする書き方と満足のいく言葉を見つけようとする書き方の両極を結ぶ線上を自由に行き来して，意図的に選びながら書くことができる人のことを指すのである。

2．中高生の書く力の発達

　中学生から高校生が書く力として身に付ける知識や技術の種類は，それだけを取り出した場合小学校で身に付けるものとさほど変わらない。書き方の

知識や技術というよりも，そこで使われる語彙や，その背景にある書き手の経験の増大によって書く力が発達していく。さらに，中学生から高校生にかけて全体的な傾向としての大きな変化があるわけではなく，個々人によって書く力の差が明確になるのがこの時期から成人の特徴である。

　発達に影響しているのは，まず読む本や文章の変化である。本や文章から，書きたい方法に適した形式や構成，語彙を取り込み，語彙が増えることによって形成される考えも多様化・複雑化する。言葉を通した間接経験は，教科書教材だけでなく，当然日常的に読む本やインターネット等で触れる文章も含まれる。さらに，日常生活における直接経験が増えることによって，文章の題材となる取材範囲やそこに反映される考え，さらに想定される読み手への意識にも個性が強く表れるようになる。このように，触れる言葉の量や質によって，個々が自分の書くものへの反映のさせ方に差が生まれ，発達の様相が多様化するのである。

参考文献

Britton, J., Burgess, T., Martin, N., MAclead, A. & Rosen, H.（1975）., The Development of Writing Abilities（11‐18），Macmillan Education.

佐渡島紗織・大貫眞弘（2008）「ことばの〈具体−抽象〉に関する指導の観点：中学生・高校生の実態調査をふまえて」『人文科教育研究』46巻，pp.1‐16.

中井悠加（2011）「発達論から見た詩創作指導の可能性：James Britton の理論検討から」『広島大学大学院教育学研究科紀要第二部』第60号，pp.115‐123.

宮城信・今田水穂（2015）「『児童・生徒作文コーパス』の設計」『第7回コーパス日本語学ワークショップ予稿集』，pp.223‐232.

（中井悠加）

Q6　書くことの学習指導にはどのようなものがあるか

1. 書くことの機能と種類

　書くことには，自分の思いや考えを他者に伝える伝達機能，自分の思いや考えを深める自己認識機能，自分の思いや考えを生み出す創造機能，自分の思いや考えを保存・再生する記録機能，書かれたものの共有による文化創造及びコミュニティ形成機能といった5つの機能がある。このように，書くことは人間の精神活動，コミュニティ形成，文化創造に深く関わっており，人間がよりよい生活を送っていくために欠かすことのできないものである。書くことの学習指導の目的は，そうした書くことの真価を知り，それを自らの生活にいかしていくことのできる学習者の育成にある。では，生活にいきる書くことには，どのようなものがあるのだろうか。それは数えあげれば切りがないほど多種多様である。現学習指導要領ではその種類を，説明的な文章を書く（説明，解説，意見等），文学的な文章を書く（詩歌，物語，小説，随筆，戯曲等），実用的な文章を書く（記録，報告，報道，手紙等）の3つに大別している（『中学校学習指導要領〔平成29年告示〕解説　国語編』による）。書くことの学習指導は，文種に偏りが生じないようその多様性と体系性を保障しながら実践していく必要がある。

2. 書くことの行為とその指導内容

　書くことの学習指導は，学習者のその困難を探り，その改善を図るためのものである。では，書くことはどのような行為なのであろうか。

　一般的に，人は，ひとまとまりの文章を書く場合，構想する（題材を設定する・取材する・構成する）→記述する→見直す（読み返す・修正する）といった過程をとりながら，自分の思いや考えを言葉に具現化していく。そこでは，誰に（読み手），何のために（目的）書くのかを意識しながら，物事をどのようにとらえ（見方・考え方），何について（内容），どのように（表

現）書くのかについての検討が，繰り返し行われている。もちろん，そこには書きたいという欲求（表現意欲）が必要とされる。ところで，書くことは，それで終わりではない。書くことは読み手とコミュニケーションをとるためのものであり，書かれたものが読み手に読まれてこそ，その役割が終わる。書き手は，それを通して，書くことの意義や価値，そして表現のあり方を学び，次の書くことにつなげていく。このように見てみると，書くことの指導内容は，次のように整理することができる。

①題材の設定・情報の収集・内容の検討に関する指導…物事をどうとらえ，何についてどの事柄を取り上げるか。②構成に関する指導…事柄をどのような関係で配列するか。③記述に関する指導…どのような表現で書き表すか。④推敲に関する指導…どこをどのように読み直し，書き直すか。⑤共有に関する指導…自分の書いたものがどのように読まれるか。他者が書いたものをどのように読むか。次の書くことにどのように生かすか。⑥読み手意識・目的意識・表現意欲に関する指導…誰に何のために書くのか。⑦書くことの意義・価値に関する指導…書くことの意義・価値は何か。

3．書くことの学習指導の形態

書くことの学習指導の形態は，他の言語活動との関連において，次のように大きく２つに分けることができる。**A**総合的単元…書くことの学習指導を他の言語活動のそれと関連させて総合的に行うもの。**B**領域的単元…書くことの学習指導を他の言語活動のそれと関連させずに単独で行うもの。

Aは，学習者の興味・関心・必要に根ざす話題をめぐって様々な言語活動が総合的に組織される中で，他の言語活動と関連させて書くことの指導を取り扱うものである。学習者にとって書くことの場が自然となり，明確な読み手意識・相手意識が生じやすく表現意欲も湧きやすいという特徴がある。**B**は，書くことに特化したもので，その指導がきめ細かく行えるという特徴がある。それは２の①～⑦の取り扱い方によって，さらに，連続型，集中型，練習型の３つに分類できる。連続型とは，①～⑦のすべてを連続的に取り扱うもので，段階を踏みながら書くことの経験を保障することができるため，

もっともよく用いられる。焦点型とは，①～⑦のどこかに焦点をあてたもので，学習者に生じている困難の改善を集中的に図ろうとする場合に効果を発揮する。練習型とは，主に③に焦点をあてたもので，目的に即して事実と意見を書き分ける，必要に応じて詳述や略述をするといった基礎的な表現技能の育成を，短時間の練習によって図ろうとする場合に用いられる。

4. 書くことの学習指導の実際

　最後に，説明的な文章に分類される意見文と，文学的な文章に分類される俳句の学習指導の実際を見てみたい。国語教育実践者の大村はま氏は，意見を互いに書き合い，育てあうことを重視した意見文指導（実践名：ひとつの意見）を展開している。まず題材の選定の指導では，学習者の学校生活をもとに，氏自らが題材（題目）を拾ってみせている。次の構成の指導では，その思考の取り方を示した学習プリントを作成している。さらに，記述の指導として，論理関係を表す接続詞の使い方の学習を組み入れている。最後に，批評や意見を述べ合うのではなく，教師を含めたグループの4人が同じ題目で意見を書き合うことによって，共有の指導を図っている。俳人の夏井いつき氏は，「座」の文芸といわれる俳句の特性や魅力に気付かせる俳句指導（実践名：「からっぽ」から発想する十二文字）を展開している。創作の指導では，「取り合わせ」の技法を用いてその容易化を図っている。鑑賞の指導では，全員参加を前提とした「句会」を開くことによって，俳句が作り手と読み手との共同作業で完成されることを感じ取らせている。

　両者の実践に共通していることは，文種の表現特性に即しながら，学習者の「書くこと（の行為）」と「書かれたもの」に，教師としての確かな介入が認められることである。書くことの学習指導には，そのことが欠かせない。

参考文献
大村はま（1983）『大村はま国語教室　第6巻』筑摩書房.
夏井いつき（2000）『子供たちはいかにして俳句と出会ったか』創風社出版.
（中西　淳）

Q7　文学的文章を読むとはどういうことか

1．構成主義からみた読むこと

　構成主義という知識と学習に関する理論がある。知識は，伝達されたり発見されたりするものではなく，既にある知識構造をもつ個人が，自分の属する共同体における実践，話し合い，意味交渉を通して葛藤を伴いながら新しいモデルや見方を作り出すことだと考える理論である（Fosnot, 2004）。つまり，知識はどこまでも個人的，主観的，発展的なものであり，教師が自分のもつ知識をそっくりそのまま生徒に移すことはできないし，文脈から切り離された概念や細分化されたスキルを教えたりすることもできないと考える。

　国語教育に大きな影響を与えた形象理論もこうした一人ひとりのもつ知識や能力への信頼をベースにした読みの理論だった。アメリカにおける読書理論の入門書には，構成主義的な考えによる理論として，（1）デューイの探究学習，（2）スキーマ理論，（3）ローゼンブラットの交流理論，（4）心理言語学とホールランゲージ，（5）メタ認知理論，以上5つが紹介されている（Tracy & Morrow, 2017）。この中で，とくに文学を読むことに焦点を当て，アメリカのリテラシー教育で今なお有力な理論の一つとして支持されているのが交流理論である。

2．ローゼンブラットの交流理論

（1）交流理論からみた読みの経験

　ローゼンブラット（Rosenblatt, 1995）は，主著『探究としての文学』の中で文学的文章を読むとはどのような経験なのか1章を割いて丁寧に述べている。彼女によれば，そもそも包括的な読み手とか文学作品というものは存在せず，それは読み手と文章の間に生まれる生きた回路の中に存在する。読み手は，言葉で組み立てられた文章に知的情意的な意味を持ち込み，文章は読み手の考えと気持ちを制御する。このように，読み手か文章かどちらか一

方に力点を置かない点に彼女の理論の特徴がある。

　加えて，彼女は，文学的文章を読む経験の特徴として，科学的文章や新聞を読む経験と異なり，誰か他の人が代わりに読んでその内容を要約して教えてもらうことができないと指摘した。なぜならば，文学的文章を読む人は，自分の知性，情緒，経験をかけて文章と交流し，意味を作り出していかなければならず，その経験は誰にもとって代われないものだからである。

　さらには，たとえ同じ読み手，同じ文章であっても，読む時と状況が変われば全く異なる意味が作り出されること，二度と同じ交流は起きないとも主張した。この文学的文章の読みの独自性について，後の論文において情報を取り出すスタンスと読み味わうスタンスとの比率の違いとして説明した（Rosenblatt，2013）。

（2）情報を取り出すスタンスと読み味わうスタンス

　スタンス概念は，ウィリアム・ジェイムズの意識の流れや選択的注意といった考えに着想を得て作られ，意識の特定の部分，要素を活性化させ，他の部分を周辺に押しやることを示したものである。彼女は，スタンスを大きく，情報を取り出すスタンスと読み味わうスタンスに分けて，図7-7-1のようにモデル化した。

　情報を取り出すスタンスでは，意味の公的・量的側面，つまり事実，認知，

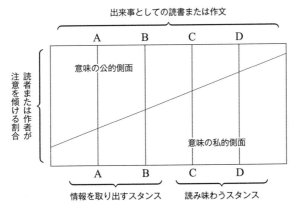

図7-7-1　情報を取り出すスタンスと読み味わうスタンスの連続体

分析，論理を重視する。具体的に言えば，文章を読んだ後，情報として何が取り出され，読み手の頭の中に残っているかに焦点が当たる。例として，彼女は，毒を誤って飲み込んだ男が解毒剤のラベルを読む時，もう少し穏やかなものとしては，新聞，教科書，法律を読む時を挙げた。

　一方，読み味わうスタンスは，意味の個人的・質的側面，つまり感覚，気持ち，経験，直感に焦点が当たる。情報を取り出すスタンスが要するに何が書かれていたかに意識を向けるのに対し，読み味わうスタンスでは文章を読んでいる過程，それ自体が大切にされ，文章と読み手の交流によって作り出される世界を生きることに焦点が当てられるのである。

　このように，公的/私的，量的/質的，科学/芸術，論理/情緒といった対比で区別される２つのスタンスではあるが，図において斜線が直角と交わっていないように，完全にどちらか一方のスタンスで読むことはできないことに注意しなければならない。つまり，詩を読み味わう時でもＤの地点のように情報を取り出すスタンスの側面は残されるし，理科の教科書を読んでテストに備えようとＡの地点で読む時にも読み味わうスタンスの側面は残されるのである。

　さらに，主に情報を取り出すスタンスとして読まれることが想定されている新聞であっても読み味わうスタンスを優勢にして読むことはできるし，反対に主に読み味わうスタンスで読まれることが想定されているであろう詩であっても情報を取り出すスタンスを優勢にして読むことができるとローゼンブラットは主張した。

（３）教室で文学的文章を読む経験の意義

　では，このような文学的文章を読む経験にどんな意義があるのだろうか。ローゼンブラットは，『探究としての文学』の中で次のように述べた。

　　生徒が文学の経験を通して他の人の気持ちと志を分かち合ったとき，彼は鋭敏な感受性を得られるだろう。それは，彼とは全く異なった性格の人，遠く離れた場所にいる人，社会的環境を異にする人が直面する問題や必要感に対する感受性である。また，文学経験を通して，人は真に人間的な生活のためのものとして，抽象的な法律や政治・社会理論の意味を把握する

想像力を高めることができる。このような感受性と想像力は，民主的な社会の市民が必ず身につけておかなければならないものである（Rosenblatt, 1995, p.261）。

ローゼンブラットが指摘したことは，今なお古びていないどころか，現在の世界においてますます必要なことのように思われる。外国人への差別的言動はもとより，自分と異なる考えをもった人，育った環境が異なる人への感受性や想像力を欠いていることに端を発しているとしか思えない事件が後を絶たない。教室で文学的文章を読むという行為は，学習指導要領が求めるような登場人物の心情を理解したり，あるいは日米のリテラシー教育研究で流行する読解方略を身に付けたりすることだけを目指して行われるべきではない。そして，もちろん，戦争を題材とした小説を読んで「平和は大切だ」と安直な教訓を引き出したり，無理やり登場人物と自分を関連付けたりすることでもない。そうではなくて，読み手が自分のこれまでの経験，知性，情意をかけて文章と真摯に交流すること，またその経験を教師やクラスメイトと語り合うこと，それが教室で文学的文章を読む経験の意義である。

参考文献

Fosnot, C. T.（Ed.）（2005）．*Constructivism: Theory, perspectives, and practice* （2nd ed.）．New York: Teachers College Press.

Rosenblatt, L. M.（1995）．*Literature as exploration*（5th ed.）．New York: Modern Language Association of America.（Original work published 1938）．

Rosenblatt, L. M.（2013）．The transactional theory of reading and writing. In D. E. Alvermann, N. J. Unrau& R. B. Ruddell（Eds.），*Theoretical models and processes of reading*（6th ed., pp.923-956）．Newark, DE: International Reading Association.

Tracey, D. H. & Morrow, L. M.（2017）．*Lenses on reading: An introduction to theories and models.* New York: The Guilford Press.

（勝田　光）

Q8 文学的文章の教材研究法にはどのようなものがあるかを述べなさい

1. 文学的文章を読む学力の最終目標としての批評する力

　平成29年改訂学習指導要領の「読むこと」領域の中学3年の言語活動例として，文学的文章を批評し，考えたことを伝え合う活動が示された。中学校3年間を通して批評する力の育成が求められているのである。学習指導要領に「批評するとは，対象とする物事や作品などについて，そのものの特性や価値などについて，論じたり，評価したりすることである」と示されているのだが，教材の特性や価値などを論じたり評価したりするためには，教材を分析する力が不可欠になる。教材の分析を手がかりにして読者は批評する。そこで教材を分析するための視点，すなわち，批評する力の育成を視野に入れた教材研究の視点を3つ取り上げたい。

2. 教材研究の観点から批評する力を育成するための読みの視点

(1)「象徴」に着目する視点

　象徴とは，作品に描かれた特殊で具体的な事物や行動は，その深層には抽象的な作品の問いや意味が表されていることを指す。例えば，菊池寛『形』の中村新兵衛は勇敢な武者として敵から恐れられる人物である。新兵衛が身に付ける「猩々緋」と「唐冠のかぶと」は敵にとって脅威となる目印であった。だからこそ，新兵衛の「猩々緋」と「唐冠のかぶと」を身にまとった若い士は初めての戦であっても敵をひるませて活躍する。一方，「猩々緋」と「唐冠のかぶと」のない新兵衛に対し，敵はうろたえることなく槍を衝く。「猩々緋」と「唐冠のかぶと」の威力を実感した新兵衛は若い士に貸したことを後悔する。『形』は新兵衛だけではなく，若い士や敵が「形」にとらわれる人間の姿を描いているのである。中村新兵衛が身に付ける「猩々緋」と「唐冠のかぶと」は，新兵衛の力量や実力を象徴する「形」であった。菊池

190

寛『形』は，先入観や固定観念にとらわれてしまう私たち人間の在り様を描いている。象徴に着目することによって作品の主題をとらえられるのである。

（2）「タイトル」に着目する視点

菊池寛の『形』というタイトルが示すように，「形」は作品の主題と関連している。読者に作品の重要となる部分を端的に伝える働きをするのが，タイトルであろう。タイトルは作者が読者に向けたメッセージであり，作者による〈しかけ〉の一つである。したがって，タイトルに着目することで，読者は作品の「大切なところ」をとらえることができるようになる。またタイトルの意味について考えることは，作品を理解したり，批評したりするのに役に立つ。太宰治『走れメロス』は，その好例である。

『走れメロス』は，太宰が小栗孝則訳の「人質」を素材にして創作したことは定説になっている。「人質」を素材にしつつも，タイトルを『走れメロス』と名付けたところに太宰の意図や作品の主題を読み取ることができる。「走れメロス！」という呼びかけによって，疲労で倒れたメロスが息を吹き返し，再び走り出す。呼びかけがメロスを大きく変化させるきっかけになっている。この場面におけるメロスの変容は，『走れメロス』の特性を考えたり評価をしたりする際に押さえるべき「大切なところ」である。この「大切なところ」の着眼は批評の基盤になる。タイトルに着目することは作品の「大切なところ」をとらえて，批評するための有効な視点となる。

（3）「語り手」に着目する視点

ヘルマン・ヘッセ『少年の日の思い出』の作品構造について，竹内常一は「この小説は，『わたし』（主人）と『彼』（客）が幼い日の思い出について話し合う前段とその『客』が『ぼく』という主語をとってその『思い出』を語り出す後段からなっている。」と指摘する。竹内が指摘する通り，『少年の日の思い出』は前半の語りと後半の語りから構成された重層的な作品構造（額縁構造）の作品である。小学校の国語教材の『ごんぎつね』（新美南吉作）や『わらぐつの中の神様』（杉みき子作）も額縁構造の作品であり，中学校の国語教材の『少年の日の思い出』との系統性が見いだせる。しかし，『少

年の日の思い出』の場合，『ごんぎつね』や『わらぐつの中の神様』とは異なり，作品の前半と後半で語り手が変わっているところに大きな違いがある。

　『少年の日の思い出』の前半は現在の時点の「私」（＝「主人」）の語りであり，後半は過去を振り返る「僕」（＝「客」）の語りである。前半と後半で時間軸と語り手が変わるのは，「僕」（＝「客」）が少年時代の出来事を語り，それを聞いた「私」（＝「主人」）が今語り直しているためである。『少年の日の思い出』の物語の時間軸は「現在」→「過去」に設定されているのだが，「客」が語った思い出を，「私」が現在語り直している構成であることを考慮すると，「現在」→「過去」→「現在」の時間軸に設定されているといえる。つまり，教材としての『少年の日の思い出』の価値の一つとして，なぜ今「私」（＝「主人」）が「僕」（＝「客」）の過去の話を語り直しているのかを考えさせる点にある。言い換えると，「私」は読者に何を問いかけているのかを考えさせる〈しかけ〉になっている。この〈しかけ〉は，『少年の日の思い出』では結末部分に着目して読む視点と関連している。

　語り手に着目することで，読者は前半と後半で語り手が分かれている額縁構造の作品であることに気が付きやすくなる。額縁構造の作品の特性を生かして，語り手は「何を語っているのか」だけではなく，語り手は「なぜ語っているのか」についても考えさせたい。『少年の日の思い出』は，語り手に着目して読むことを学ぶ教材として優れている。作品の特性や価値などについて批評することを可能にする文学教材なのである。

参考文献

竹内常一（2001）「罪は許されないのか」『文学の力×教材の力 中学校編1年』，教育出版.

中野登志美（2012）「文学教育におけるメタ認知の機能 ──『少年の日の思い出』（ヘルマン・ヘッセ）を例にして」『教育学研究紀要』58(2).

（中野登志美）

Q9　説明的文章を読むとはどういうことか

1．説明的文章とはどういう文章か

　説明的文章を読むとはどういうことか。この問いに答えるためには，中学校の説明的文章教材がどういう文章かをひとまず定めておく必要がある。説明的文章とは記録文や説明文，論説文，評論文といった，いくつかの文章ジャンルの総称であるが，中学校教材においては，社会の問題について私たちがとるべき行動や考え方を論じた文章（論説文）が典型化している。

　例えば，中学校2年生の教材に，「モアイは語る ── 地球の未来」（光村図書中学2年，平成27年文科省検定済。以下「モアイは語る」）という文章がある。イースター島の文明が崩壊した原因が森林の消滅にあることを説明した後に，現在の地球の状況がイースター島と似ていることを指摘し，文明の崩壊を避けるために「有限の資源をできるだけ効率よく，長期にわたって利用する方策を考える」ことが必要だと主張した文章である。

　このように，中学校の説明的文章教材では，物事の仕組みや因果関係を論証した後に，私たちが取るべき行動や考え方の論証へと論を発展させるものが多い。説明的文章を読むという行為は，筆者の論証を筋道立てて理解するとともに，問題に対する読み手自身の考えを形成していく行為であると見なすことができる。以下では，そうした読みの過程について，ポイントを絞って述べていきたい。

2．説明的文章の読みの過程

（1）既有知識を想起し予測や疑問をもつ

　文章を読むという行為はいつ始まるのか。認知心理学の知見によれば，それは題名に出会った瞬間から始まると考えられている。私たちが書店に行き，『モアイは語る ── 地球の未来』という題名の本と出会った瞬間をイメージしてもらいたい。この本を手にする時，私たちは「モアイってイース

ター島のあれだよね」と自分の知識を振り返ったり，地球の未来について見聞きしたニュースや本の内容を思い浮かべたりしている。また，「この本ではイースター島から地球へと話題が展開するのかな」と論の展開を予測したり，「両者に何か関連があるのかな」と疑問を浮かべたりしている。

　このように，説明的文章の読みは，内容面・形式面の知識を想起し，文章への予測や疑問をもつことから始まる行為である。

（2）論証や表現の工夫を吟味する

　実際に文章を読み進めている間，読み手は自分の知識や予測に当てはめながら，文章を理解していく。一方では，元々もっていた疑問を解決したり，自分の考えと筆者の考えとのズレや論の飛躍を感じることから生じた疑問を解決したりするために，文章を吟味していく。こうした読みは，一般に「批判的読み」と言われている。特に説明的文章の読みにおいては，次の2点に向けた吟味が重要であると考えられている。

　1点目は，筆者が一定の根拠から主張を導き出すまでの論証の妥当性である。「モアイは語る」で言えば，地球とイースター島に類似点を見いだす類推が吟味の対象である。両者の間には時代や規模，科学技術の水準や暮らしぶりなど，多くの違いがあるからである。そうした違いが明らかになると，両者を類似したものと見なす筆者の論証は安易には納得しがたいものとなる。「筆者は両者のどこを類比させているのか」という疑問が浮かんでくる。そうした疑問を解決するなかで，森林が消滅したときに外部から食料を持ち込めない点で，両者が類比されていることが明らかになっていくのである。

　2点目は，主張に説得力をもたせるための様々な表現の工夫（レトリック）である。「モアイは語る」では，地球の環境問題を論じるために，わざわざイースター島の事例を持ち出している点が大きな工夫である。なぜ，筆者はそうした述べ方をしているのか。それは，資源の枯渇が文明崩壊を引き起こすことが，単なる絵空事ではないことを伝えるためである。また，広大に見える地球も，宇宙規模で見ればちっぽけな「島」に過ぎないことをイメージさせるためである。表現の工夫を吟味することは，言葉には表れない筆者の思いや見方に迫ることなのである。

　忘れてはならないのは，批判的読みは，文章への違和感や疑問を表明することに留まる読みではないということである。むしろ，それを一つのきっかけとして，筆者の論の筋道や思いや見方を読み手自身の言葉で補い，より深く筆者の考えを理解しようとする行為である。その意味で，批判的読みとは「読み手自身の理解を吟味する読み」であるとも言われる。

（3）問題に対する考えを形成する

　教科書外の文章にまで目を広げてみると，中学校教材で論じられる社会の問題は，対立する複数の立場や主張を発見できるものばかりである。説明的文章の読みにおいては，それらを考慮に入れて自らの考えを形成していくところまでが射程に含まれる必要がある。

　「モアイは語る」と同様，地球の環境問題を論じた文章として，スティーブン・エモット著／満園真木訳『世界がもし100億人になったなら』（マガジンハウス，2013）という本がある。「私たちは資源を節約する必要がある」と言う時の「私たち」が先進国のみを指していることや，自らの命を守るために資源の消費を増やさなければならない開発途上国の状況を指摘した本である。こうした人々の存在を知ったならば，「モアイは語る」の主張の問題点は明らかである。資源の節約を推し進めることは，開発途上国の切り捨てにつながりかねないからである。読み手は，文明崩壊を避けることができ，かつ開発途上国の立場をも考慮した解決策を探っていかねばならない。

　このように，説明的文章の読みは目の前の文章を理解することに留まるものではない。それは，対立する複数の主張を理解し，問題の複雑さを自覚し，自分はどう考えるべきかを問い，社会に対峙し直す営みである。

参考文献

古賀洋一（2020）『説明的文章の読解方略指導研究』溪水社.

古賀洋一・池田匡史（2019）「説明的文章の批判的読みの指導における統合的理解」『国語科教育』86, pp.26-33.

間瀬茂夫（2017）『説明的文章の読みの学力形成論』溪水社.

（古賀洋一）

Q 10　説明的文章の教材研究法にはどのような ものがあるかを述べなさい

1. 教材研究の柱と課題

　教科書の教材研究は，次の4つの柱から成る（塚田泰彦，2009）。

(1) 素材研究……表現・内容両面から表現特性等に注目して特質を分析する。

(2) 教材分析……素材研究をもとに教育の目的や価値，学習者の実態などの 観点からその文章が教材としてもっている価値を選択・決定する。

(3) 指導法研究……教材価値を認められた表現内容や学習すべき言語技能， 言語活動をどの順序でどの程度指導するか，実践計画を立てる。

(4) 反応研究……児童生徒が示す反応について，事前調査や授業記録等から どう教材研究・指導法研究に活用するかを考える。

　ただし教科書教材の理解は通過点であり，読みの力の育成は日常生活の〈個 別の具体的な状況下での，読解方略の適用と自己調整〉をめざす（3章Q8）。 その点，中等教育では初等より一層，教科書外の素材の教材化を重視する必要 がある。教材化研究の今後の課題を挙げると，次のように指摘できる。

(1) に関して……メディアリテラシーやマルチモダリティの見地から，音 声・文字のほか，図表，挿絵，写真等との関連も考慮して発掘したい。

(2) に関して……分析結果の全てを授業化するのでなく，教育の目的・価値， 学習者の実態をもとに，観点を絞ってから分析にあたりたい。

(3) に関して……説明的文章の読みの内容には論理学的，修辞学的，言語学 的，認識論的の4観点があり，近年は非形式論理学の観点から論理を「論 証」として観察する流れがある一方，要旨を捉え文章構成を把握し表現の 工夫を捉えるだけでは「論証」の理解に到達しない（間瀬茂夫，2017）。 「論証」をロジックとレトリックの両面から捉えさせる指導法を探りたい。

(4) に関して……説明的文章の教科書教材は，丁寧に書き下ろされ誤りがな い。だが，読解方略の日常への適用をめざすなら，誤りや誇張など問題点

も多い日常の素材で見せる学習者の反応をこそ，授業に組み入れたい。

2．中等教育での課題 ── 文章構造を踏まえた「論証」理解

松本修（2013）は，「根拠と主張の整合性や論理学的な正しさに求めるべき論理性の正体」を「論の運び方や文章構成と混同し，論の組立を述べる順序といっしょくたにして把握」してきたことに「説明文教材の教材論の隘路」があったという（p.170）。だが間瀬茂夫（2017）に沿えば，説明的文章教材は実証主義的な論文とは違い，修辞的（レトリカル）にも主張するため，文章構造とも併せて「論証」を吟味する必要があり，それゆえ隘路も生じたと説明できる。

間瀬（2017）は中学校教科書教材の「説明」から階層構造を見いだした（図7-10-1）。これによれば，イデオロギー的説明は中学教材では潜在層に留まるが，高校評論教材では説明の第Ⅳ層に顕在化すると予想される。

　長年の改訂結果としての教科書教材配列傾向を，「論証」指導における系統性の実践知として捉え，これを軸とし，教科書外の素材も系統性に沿って組み合わせていくことが，今後の中等教育での教材研究には有効となろう。

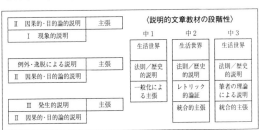

図7-10-1　中学校教科書の階層構造
（間瀬茂夫, 2017, pp.162-172）

3．課題に応える教材研究法の例

近年の教材研究は1．(3)(4) の通り，学習論と接近している。そこで，ここでは1．(1)(2) に絞って2.に応えうる方法を，例示する。

（1）素材研究法

舟橋秀晃（2019）は教科書外に求める素材の系統化を提案する（p.170）。間瀬（2017）に依拠し，中1では定説，史実，中2では反例，類例，伝統，中3以降は価値に着目して学習者の教材吟味を促すには，中1では同一素材を説

表7-10-1

記号	国語科 CR の「5つのねらい」	キー・コンセプト
	Wallace の「5つの問い」	
A	テクストの書かれた背景，問題意識を考える。	コンテクスト／
	（このトピックについて）なぜ書かれているのか。	イデオロギー
B	テクストのレトリックを分析し目的・効果を考える。	レトリック
	（このトピックについて）どのように書かれているか。	
C	複数の視点からテクストの定義・構成を考える。	定義／構成
	（このトピックについて）ほかにどのような書き方があるか。	
D	テクストの出所と想定（想定外）読者を考える。	想定読者
	このテクストの典型的な読者はどのような人か。	
E	テクストのトピックに見られる問題の構造を考える。	トピック
	トピックは何か。	

（澤口哲弥，2019，p.158）

明する別の文章，中2では同一テーマの他者の主張，中3では同一著者の関連文章か立場の異なる者との論争を探し，教科書教材に組み合わせるとよい。

（2）教材分析法

文章構成上の問題を一旦離れ，根拠と主張の整合性をみるのに，井上尚美（1977）が紹介したトゥールミン・モデルを適用する方法が定着している。6要素のうち主張，根拠（データ）と両者を結ぶ理由付けについては活用が進んだが，イデオロギー層が潜在から顕在へ向かう以上，限定・反証・裏付けの要素も，中等教育の教材分析では今後，活用を図る必要があろう。

澤口哲弥（2019）のクリティカル・リーディング（表7-10-1）は小学校から活用可能だが，2.から，高校教材での裏付け吟味に特に有効といえる。

参考文献

舟橋秀晃（2019）『言語生活の拡張を志向する説明的文章学習指導』溪水社.

井上尚美（1977）『言語論理教育への道』文化開発社.

間瀬茂夫（2017）『説明的文章の読みの学力形成論』溪水社.

松本修（2013）「読むことの教材論研究」全国大学国語教育学会『国語科教育学研究の成果と展望Ⅱ』学芸図書，pp.169-176.

澤口哲弥（2019）『国語科クリティカル・リーディングの研究』溪水社.

（舟橋秀晃）

Q 11　古典の学習指導法にはどのようなものがあるか

1．教材研究の視点

　渡辺（2018）によれば，古典観は「典型概念」「関係概念」に大別される。前者は「古典を先験的に価値をもつ，優れた典型，範型であるとする古典観」で，後者は「読み手が，読み，意味付け，価値を見いだすことによって初めて出現する古典観」だとされている。

　「典型概念」としての古典観に基づけば，学習者にとって古典は身近なものとはなりにくい。近年では「関係概念」としての古典観に基づいた指導法が提案され，実践されている。「関係概念」に基づいた実践報告ではこれまで教材化されてこなかった作品も教材化されている。

　中学校学習指導要領でも第3学年に「長く親しまれている言葉や古典の一節を引用するなどして使うこと」という指導事項がある。古典の一節を引用して，友人などにメッセージを送るといった言語活動を通じて，さまざまな古典の作品に触れ，理解し，活用することができる。このような言語活動を通じて，読み手が価値を見いだしていくことが，これからの古典の学習指導法の必要条件となるだろう。

2．近世期随筆の教材化

　これまで中学校では中心的な教材とされてこなかった近世期の随筆を教材とした実践も行われている。大澤（2019）では，近世の随筆（「常山紀談」，「うひ山ぶみ」，「甲子夜話」，「言志四録」など）を教材として，筆者の見方，考え方から生徒なりの見方や考え方を深めることを目標にしている。生徒たちはそれぞれテーマを設定して，リーフレットを作成する。

　これまで同様の実践は「枕草子」などでも取り組まれてきたが，江戸時代の随筆は生徒たちにとって言語抵抗が比較的少ないという点で取り組みやすくなっている。

３．二次創作物の利用と作成

　現代語訳や翻案などの二次創作物を教材として利用する方法とともに二次創作を行う指導も考えられている。野崎（2013）では平家物語の列伝という二次創作を行っている。中学２年生の実践で，学習材として講談社学術文庫版の『平家物語』と講談社文庫版の『吉村昭の平家物語』を使用している。まず，平家物語の人形劇のDVD鑑賞などで平家物語の概要を理解させ，教師作成の列伝の見本を参考に生徒自身が選んだ人物の列伝を作成するというものである。この実践では列伝をより良いものにするために生徒たちが現代語訳では飽き足らず，積極的に原文を引用しようとする姿が紹介されている。列伝作成という言語活動が原文に親しむ効果をあげている。

４．漢文の指導

　中学校の教材には，故事成語，漢詩，論語などがある。「矛盾」などの故事成語を使って体験談を書くといった方法で学んだことを使う指導が考えられている。漢文のうち「論語」は漢字文化圏を中心とした東アジアの各地でも教科書教材となっており，地域的な広がりを持つ古典である。

　冨安編（2016）では，高等学校における漢文教材を思想，史伝，漢詩，日本漢文などに分類して実践が紹介されている。日本で書かれた漢文は日本漢文と呼ばれ，戦後教材化されている。朝倉ほか（2006）によれば，高等学校の漢文教科書に採録されている。作者は菅原道真，菅茶山，広瀬淡窓，夏目漱石，正岡子規などである。男性の日記や公的文書が漢文で書かれていたこともあり，日本漢文の内容は多岐にわたっている。このような日本漢文の教材開発もこれからの課題である。

５．古文漢文の融合的指導

　冨安編（2016）で紹介されている古文漢文の融合指導は，単元のテーマにそって，古文教材，漢文教材を集めて実践されている。指導者が幅広く現代文も含めて，古文漢文の作品を渉猟し，教材開発が必要となる。

　一方，早稲田大学教育総合研究所監修（2020）では漢籍の知識を踏まえた日本の文学作品を教材として取り上げている。古典のテキスト間の影響関係を知ることはそれぞれの作品の理解や日本文学の重層性の理解へとつながっていくだろう。

　浅田（2018）では，漢文や現代文が思想的内容を取り扱っていることに比して，古文は文学か文学評論に偏っているという指摘がされている。「関係概念」に基づいた古典観によって，これまでに教材化されなかったジャンルの作品の教材開発が進んでいくことが望まれる。

参考文献

浅田孝紀（2018）『言語文化教育の道しるべ　高校国語教育の理論と実践』明治書院.

朝倉孝之ほか（2006）「現代に生きる中・高校生のための日本漢詩・日本漢文の教材化（1）」『広島大学　学部・附属学校共同研究機構研究紀要』第34号，pp.255-264.

大澤由紀（2019）「江戸古典随筆（エッセー）から紐解く『生き方・考え方』エッセンス ― リーフレットの作成・編集を通して」『国語教育研究』561，pp.16-21.

甲斐雄一郎（2019）「現代に生きる伝統的な言語文化の学習指導」『国語教育研究』561，pp.2-3.

冨安慎吾編（2016）『ことばの授業づくりハンドブック　中学校・高等学校漢文の学習指導』渓水社.

野崎真理子（2013）「『平家物語』列伝づくりの単元紹介」『国語教育研究』497，pp.16-21.

早稲田大学教育総合研究所監修（2020）『高校古典における古文・漢文の融合的な学びを考える』学文社.

渡辺春美（2018）『「関係概念」に基づく古典教育の研究 ― 古典教育活性化のための基礎論として』渓水社.

（浮田真弓）

Q12 古文をなぜ学ぶのかを述べなさい

1. これまでの古典（古文）教育

　1902（明治35）年の中学校教授要目制定に伴い，旧制中学校の国語及漢文科の中に設置された科目「国文学史」は，今日の国語科における古典（古文）科目の原型的要素を多分に孕んでいる。同要目においてこの「国文学史」は，その時数は少ないものの，非常に重視された科目だった。それは「国文学史」に「国民性の涵養」という使命が託されていたことによる。当時の旧制中学校は，日本の文明・文化・精神の表象としての「文学」の歴史を教授することを通して，国民の文化的アイデンティティの形成を図ろうとしたのである。その後，旧制中学校の規定において「古典」という語が初めて使用されることになるのは1943（昭和18）年の中学校教科教授及修練指導要目であるが，この時に新設された「国民科国語」の教授要旨にも「古典トシテノ国文及漢文ヲ習得セシメ国民的思考感動ヲ通ジテ国民精神ヲ涵養シ我ガ国文化ノ創造発展ニ培フモノトス」とある。つまり，明治期の「国文学史」以来，古典（古文）は継続的に「国民性」「国民精神」を培うためのコンテンツとしての位置付け・意味付けが明瞭になされてきたのである。それが昭和戦前期までの帰趨である。

　このような古典（古文）教育観は，昭和20年代以降，当然のことながら否定されることになる。「中学校の国語教育は，古典の教育から解放されなければならない」（1947〔昭和22〕年学習指導要領国語科編〔試案〕），「高等学校で学習される古典や文法は，生活と関連があり，それを学習する社会的必要があるものでなければならない。（中略）高等学校時代には，文学の学習は，われわれの国の古典にのみ限られてはならない。生徒たちはまた他の国のすぐれた古典や，種々な形の現代文学の翻訳に親しむべき機会を持たなければならない。」（1951〔昭和26〕年中学校・高等学校学習指導要領国語科編〔試案〕）といったように，戦前までの方法論（訓話注釈）および目的

論（国民精神の涵養）を否定し，学習者にとっての「社会的必要」や「外国文学との比較」などを重視した，いわば経験主義的・単元学習的な古典教育のあり方を提示したのが昭和20年代の試みだった。

　しかしこうした取り組みも，昭和30年代に入ると却下されていく。1960（昭和35）年の高等学校学習指導要領において国語科の科目が「現代国語」と「古典」という編成となり，「古典」が独立科目として設置された際に，その科目目標は「古典としての古文を読解し鑑賞する能力を養い，思考力・批判力を伸ばし，心情を豊かにするとともに，読解を通して，作品とその時代や文化との関係などがわかるようにする。」（古典乙Ⅰ）とのみ示されることになったのである。ここにおいて，古典（古文）を学ぶ目的はもはや明示されていない。ただ古典（古文）を「読解し鑑賞する能力」を養うとあるばかりで，「思考力・批判力」を伸ばすことも「心情を豊かにする」ことも「作品とその時代や文化との関係などがわかる」ことも，それが何のために，何を目指してなされるものなのかといったことについてのヴィジョン，すなわち目的意識があまりに茫漠としている。そしてこのような「古典」科目の目標規定を，高校の学習指導要領は2009（平成21）年改訂版まで，約50年間にわたって継承していくことになる。学校教育が，そして国語科教育が拠るべき基準であるはずの学習指導要領においてすら，「古典（古文）をなぜ学ぶのか」という問いに答えをもたらしてくれることはない。

2．これからの古典（古文）教育
——「なぜ学ぶのか」を探究する授業へ

　所与の答えが得られないのならば，その答えは教師と学習者が自ら模索していくしかない。「古典（古文）をなぜ学ぶのか」という問いは，これからの古典（古文）の授業における巨大な学習問題となるはずである。

　2018（平成30）年改訂高等学校学習指導要領には，そのための手掛かりが示唆されているように思える。新学習指導要領においては「現代の国語」，「言語文化」という2科目が必修となり，選択科目として「論理国語」，「文学国語」，「国語表現」，「古典探究」の4科目が設置された。この改定に関し

て筆者が着目するのは，国語科の教科目標および全科目目標の中に「言語文化の担い手としての自覚を深め」という文言が入ったことである。

この文言の背景には，OECDが掲げる「キー・コンピテンシー」の影響があると考えられる。国語科でいえば，古典（古文）を含めた「言語文化」を「担う」ことがコンピテンシーの一つといえよう。もはや高校の国語科およびその中の古典関連科目においても，教材や授業の内容を理解（読解）できさえすればその目標が達成されたということにはならない。理解がなされたうえで，そこで学んだ内容を学習者が生活・社会・人生の中でなんらかのかたちで生かしていくこと。それが「担い手」という語に込められている新しい学習・学習者像であり，国語科および古典（古文）教育の新しい目的意識であるといえよう。したがって古典（古文）の授業作りの視線としても，あるいはその実践の評価・検証の視線としても，これからは「その授業がどのような学び手＝担い手を育てようとしているのか」というところに焦点が当てられていくことになる。「教師や学習者はそのテクスト・教材を正確に読解できているか」「教師は学習者を正確な読解に導くことができたか」といったことのみをもって，古典（古文）の授業実践の成否を判断することはできないのである。

ともすれば，国語科教育とは別のところに古典（古文）教育という独立した領域があるかのように捉えがちであるが，筆者としては，あくまで「国語科教育」という大きな枠組みが一つあり，その中に「古典（古文）」と称されるコンテンツ群がある（だけ）という発想をしたいと考えている。それは，いわゆる古典（古文）教育も，今日の国語科教育が向き合っている種々の用語概念と無縁ではいられないことを意識したいからである。「コンピテンシー」はさることながら「アクティブ・ラーニング」，「ジェネリック・スキル」等々，新学習指導要領にも埋め込まれている横文字の教育理論・概念に対して，古典（古文）の教師も学習者も等閑視することなく向き合っていくことが求められている。授業実践のレベルにおいては，すでにその胎動は始まっている。詳細は第3章Q10を参照されたい。

（八木雄一郎）

Q 13　漢文をなぜ学ぶのかを述べなさい

1．漢文をなぜ学ぶのかを考える前に

　漢文をなぜ学ぶのかを考えるとき，まず注意しなければならないのが，「漢文教材一般」を対象として考えるのか，「特定の漢文教材」を対象として考えるのか，である。

　前者の場合は，漢文教材の多くが（あるいはその中の一群が）共通してもつ特徴に着目し，そこから学習する意義を考えることになる。後者の場合は，その教材がどのような学習を媒介する教材と考えられるか，ということから意義を考えることになる。前者と後者は重なる場合もあるが，そうではない場合もある。なぜなら，「特定の漢文教材」のもつ「漢文である」という性質は，その教材の一面でしかないからである。このことを混同しないようにしたい。ここでは，主に前者の点から，漢文を学ぶ意義について説明する。

　当然ではあるが，何かを学習する意義は，必ずそれを学習する状況との関係で検討される。一見して「不易」と思われる意義であっても，本当の意味で「不易」であることはありえない。特に漢文のような長い年月を経ている教材は，その状況によって，学習する意義が大きく変動している。

　漢文については，昭和20年代にその必修化についての議論が国会をも巻き込んで行われた。今なお，漢文を含む古典については，その学習の意義が折に触れて問い直されている。これは今後も続くことであろうし，目的や学習方法を問い直していくうえでも，そうでなければならない。

2．昭和 26 年改訂学習指導要領における記述

　戦後における漢文学習の意義は，昭和20年代に行われた議論のうえに成立したものである。現在の学習指導要領での考え方についても，基本的にこのときの延長上にあると考えられる。学習指導要領の歴史の中で，漢文を学ぶ意義について，もっとも詳細に述べているのは，このときに作られた昭和

26年改訂学習指導要領である。まず，この学習指導要領で，漢文をなぜ学ぶのか，ということがどのように説明されていたかを確認しておきたい。

昭和26年改訂学習指導要領では，「第七章 国語科における漢文の学習指導」として，漢文学習に一章が割かれている。ここでは，漢文の定義とともに，「漢文はわが言語文化の背景となったもので，われわれの言語や文学の中には漢文的要素が多くとけこんでいるから，わが国語や文学や，広く文化一般を正しく理解するために学習されなければならない」と述べたうえで，次の3つの意義が示されている。

1　漢文は古くから，わが国語で読まれ，そのおもなものは，わが国の重要な古典になっている。

2　わが国は古くから漢文や漢文調の文章を書きことばとして用いてきた。そうしてそれらの中には，わが国の重要な古典となっているものもある。

3　国語は，文字・音韻・語い・文法・文体などのあらゆる面で，漢文と深い内面的な連関を持っており，新しいことばが作られるときなどにも，漢字・漢語を用いることが多い。したがって，国語の知識・理解・技術・能力・鑑賞・理想を高め，また国語の発達を図ろうとする態度を作るためにも，漢文の学習は必要である。　　　　　　　　（209～211頁から抜粋）

ここに書かれていることからわかるように，漢文は「日本の古典」として位置付けられ，漢文を学ぶことは，日本や日本語を理解することに資するものとして考えられている。これは，現在の学習指導要領でも変わらない。

ただし，この昭和26年版学習指導要領において述べられた漢文学習の意義が，すぐに定着したわけではないし，これ以外の意義が述べられてこなかったわけではない。次に，現在において考えられる漢文学習の意義をいくつかの視点から述べてみたい。

3．3つの視点から考える漢文学習の意義

「漢文である」ことで，その教材がもつことが多い性質には，①訓読されたテキストという性質，②読みつがれてきたテキストという性質，③現代の社会的状況とは距離のあるテキストという性質，の3点をあげることができ

る。これらの性質は，漢文とその他の教材との違いを作っている。

　①「訓読」とは，中国語で書かれた古典を，「漢文」へと翻訳する方法である。私たちは，訓読されたテキストとして漢文を読むことによって，中国語の古典がどのように日本語に翻訳されたかを（当時そのままの訓読ではないが）追体験することができる。このことは，私たちが日常的に用いている漢字や漢語の「訓読み」，「音読み」がいったいどのような営みなのか，熟語がどのように作られたものなのか，といったことに意識を向けることを助け，日本語への理解を深くする。

　②読みつがれてきたテキストという性質は，漢文という古典が，日本において受容されてきたという性質を指している。上でも述べたように，漢文は日本語の歴史の中で大きな役割を果たしてきた。このことは，日本漢文や日本の古典などを含めて漢文教材を取り扱うことで，より深く理解することができる。また，漢文については，日本でも膨大な解釈の蓄積がある。『論語』などの古典について，時代によって，人によって，どのような解釈があるかを取り扱い，さらに自分自身の解釈とも比較することで，状況の変化が読みにどのように影響していくのかを考えることができる。

　③現代の社会的状況とは距離のあるテキストという性質は，漢文について，「共感しにくさ」という他者性を生む。このことは，テキストについて，その背後にある常識や，流布している言説，価値観など，異なる時代や文化の文脈を踏まえて慎重に理解しようとする学習を媒介する。一方で，そのようなテキストに対して共感することがあるとすれば，そこには，現代の自分の価値観を投影していることが考えられる。そこでは，漢文教材は鏡として作用し，読者（学習者）の価値観を照射することになる。

参考文献

浜本純逸監修・冨安慎吾編（2016）『中学校・高等学校漢文の学習指導　実践史をふまえて』渓水社.

文部省（1951）『中学校高等学校学習指導要領　国語科編（試案）』中央書籍.

（冨安慎吾）

Q14 国語科における「知識・技能」教材を どのように構成するかを述べなさい

中学校，高等学校学習指導要領の「指導計画作成上の配慮事項」における〔知識及び技能〕に関する配慮事項には次のようにある。すなわち，「〔知識及び技能〕に示す事項については，〔思考力，判断力，表現力等〕に示す事項の指導を通して指導することを基本とし，必要に応じて，特定の事項だけを取り上げて指導したり，それらをまとめて指導したりするなど，指導の効果を高めるよう工夫すること」（中学校），「〔知識及び技能〕に示す事項については，〔思考力，判断力，表現力等〕に示す事項の指導を通して指導することを基本とすること」（高等学校）。

〔知識及び技能〕の各事項について，基本的には「話すこと・聞くこと」，「書くこと」，「話すこと」の各事項と適切に関連付けながら指導とすることを求めている点は中学校，高等学校で共通する。が，高等学校には「必要に応じて」以下の記述がない。すなわち「〔知識及び技能〕に示す事項のみを取り上げて繰り返し指導したり，まとめて単元化して扱ったりすることは最小限にとどめる必要があることを示している」（高等学校学習指導要領解説国語編。以下，高校解説）。よって，例えば高等学校の必履修科目「言語文化」における「伝統的な言語文化」の指導事項「イ 古典の世界に親しむために，作品や文章の歴史的・文化的背景などを理解すること」や「ウ 古典の世界に親しむために，古典を読むために必要な文語のきまりや訓読のきまり，古典特有の表現などについて理解すること」などについても，文学史や文語文法に関する内容だけを取り立てたりまとめたりして集中的に指導することは最小限にとどめなければならない。

このような配慮が求められるのは，学習が知識の伝達に偏ったり機械的になったりすることを避ける意図によるものであり，教材の構成においてもこの点に十分に注意する必要がある。

2.「知識・技能」各事項の教材

（1）中学校

　それぞれの指導事項は〔思考力，判断力，表現力等〕の各領域の指導と関連付けて行われる場合が多い。その教材について，例えば「C読むこと」の学習で説明的な文章を取り扱う場合は「適宜，図表や写真などを含むものを取り上げること」とされている。具体的には「概念図や模式図，地図，表，グラフなどの様々な種類の図表や写真を伴う文章」（中学校学習指導要領解説　国語編。以下，中学校解説）がこれに当たる。実生活で目にする文章に図表や写真などを伴うものが多いことによる。

　こうした教材によって，「情報の整理」の「イ…引用の仕方や出典の示し方について理解を深め，それらを使うこと」（第1学年）の指導に当たることも考えられる。その場合，「引用する際には，文章に限らず，図表やグラフ，絵や写真などについても同様に扱うことに留意する必要がある。出典については，その媒体に応じて書名，著者名，発行年や掲載日，出版社，ウェブサイトの名称やアドレスなどを示すことにより，著作権に注意するとともに，情報の受け手が出典を知ることができるよう配慮することが必要である」（中学校解説）。

　「図表や写真などを含む」文章の教材はすでに多種多様のものがあるが，記録，報告，報道，手紙のほか，広告，取扱説明書，行政機関からのお知らせなど，中学生が実生活で読むことが想定される様々な形式の文章を教材として活用することも可能である。

　また，「伝統的な言語文化」で古典を学習する場合，その教材は「原文に加え，古典の現代語訳，古典について解説した文章などを取り上げること」とされている。中学校における古典指導が，古典に親しむことを第一義とすることを重視して，原文に限ることなく，わかりやすい現代語訳や解説の文章を活用することを考えたい。

（2）高等学校

　前述のとおり，高等学校における〔知識及び技能〕については，取り立て

て繰り返し指導したり，まとめて単元化して扱ったりすることを最小限にとどめ，〔思考力，判断力，表現力等〕の各領域の指導と適切に関連付けて行うことを基本とする。各領域の教材は，それぞれの「言語活動が十分行われるよう」，偏りなく選定される必要がある。その中で，〔知識及び技能〕と〔思考力，判断力，表現力等〕の資質・能力をバランスよく育成することを目指すことになる。

　「現代の国語」の「C読むこと」の教材は「現代の社会生活に必要とされる論理的な文章及び実用的な文章」である。実用的な文章とは「一般的には，実社会において，具体的な何かの目的やねらいを達するために書かれた文章のこと」（高等学校解説）と定義される。これまでも教科書に掲載されていた報道や広報，連絡や依頼，記録や報告の文章のほか，企画書や提案書などの実務的な文章も，〔知識及び技能〕の指導事項を扱う教材として活用できる可能性は大いにある。

　「言語文化」の「B読むこと」の教材は「古典及び近代以降の文章とし，日本漢文，近代以降の文語文や漢詩文などを含める」。そのうえで「我が国の伝統と文化や古典に関連する近代以降の文章を取り上げること」になる。「伝統的な言語文化」の指導もこれらの教材によって行われる。伝統文化や古典などについて書かれた解説や評論，随筆，また，古典を題材とした小説や脚本なども含めて考えてよい点に特色がある。

　中学校では古典に親しむことを第一義としたが，この「言語文化」においては，「古典に対する興味・関心を広げ，古典を読む意欲を高めることを重視する必要がある。そして，そのような指導を通して，古典を理解するための基礎的・基本的な知識及び技能を身に付けさせていく」（高等学校解説）ことになる。

参考文献

大滝一登（2018）『高校国語 新学習指導要領をふまえた授業づくり 実践編 資質能力を育成する14事例』明治書院.

（島田康行）

Q15　文法指導教材をどのように構成するか

　中等教育における文法指導教材を構成するにあたっては，（1）主として口語文法における観点，（2）主として文語文法における観点，（3）学校英文法との関連を重視する観点がある。以下，それぞれについて論じる。

1．主として口語文法における観点

　口語文法の教材を構成する際には，まず学習者の言語活動と関連することが重要となる。一例として，口語文法学習が「書くこと」に生きることをめざす教材について論じる。光村図書中学1年生用教科書（2017年版）では，「私は，この作品を読んで，大石先生は，長い間，分校の子供たちを思いやり，とてもすばらしい。」という文を推敲する学習を行う。ここでは，実際の学校でもありうる言語活動の場面を題材としている。また「文節どうしの関係」を体系文法的にとりあげるのではなく，この文の推敲に関わる「主・述の関係」のみを取りあげることで，機能文法的なアプローチをとっている。このように口語文法の教材を構成する際には，体系文法的なアプローチだけでなく，機能文法的なアプローチを大切にする必要がある。それにより，文法教材が他の言語活動に生きたり，文法教材が学習者の言語活動を引き出したりする必要がある。

2．主として文語文法における観点

　文語文法の教材を構成する際にも，体系文法的なアプローチに偏ることなく，文法学習が実際の「読むこと」につながる必要がある。浅田孝紀によれば，その具体的な学習のあり方には次のようなものがある。

（1）発見することを重視する学習
　例えばナ変動詞「死ぬ」の各活用形が含まれる創作例文を読み，文語における活用形の分類やそのネーミングを発見的に学ぶ学習。

（2）朗読を重視する学習

例えば『徒然草』第89段における「猫またよや，よや」という箇所を朗読することで，間投助詞の連続が連歌法師の言いようのない恐怖感を表していることに気付く学習。

（3）背景や場面との関連を重視する工夫

例えば『平家物語』「木曾の最期」には，義仲の「ところどころで討たれんよりも，ひとところでこそ討ち死にをもせめ。」という発話と，それに対する兼平の「申さんことこそ口惜しう候へ。」という発話がある。これらの発話について，乳兄弟の契りの強さや，不名誉を伝えられる武士にとっての恥といった背景と，強意の係り結びを関連付けて理解する学習。

われわれはこのような実践の蓄積に学びながら，古典の「読むこと」につながる文法指導教材を開発する必要がある。

付け加えれば，学習指導要領における文語文法の取り扱いは，年々その範囲が限定されつつある。2009年改訂高等学校学習指導要領の段階では，選択科目「古典B」において「必要に応じてある程度まとまった学習もできるようにする」（3内容の取扱い（3））と，ある程度体系文法を指導することを認める記述があった。しかし2018年改訂高等学校学習指導要領になると，後継の科目「古典探究」においても「古典を読むために必要な文語のきまり」（知識及び技能（2）イ，圏点引用者）に指導内容が限定されることになった。このような記述は体系文法の指導が重視されるあまり，「文法嫌い」が生まれ「古典嫌い」につながるという課題があることをふまえてのものである（中央教育審議会における教育課程部会国語ワーキンググループの議論を参照）。文語文法においても，体系文法をそのまま指導するのではなく，機能文法的なアプローチによる教材の再構成が求められている。

3．学校英文法との関連を重視する観点

従来の口語文法および文語文法の指導に加え，近年注目されているのが，外国語科における学校英文法との関連という観点である。

このような関連が主張される一因として，国語科における学校文法（以

下，学校国文法）と学校英文法とのあいだには，同じ術語を用いているにもかかわらず，その指す範囲が異なる場合があることがある。例えば品詞分類を行う際，学校英文法では"happy"を形容詞，"happily"を副詞と分類するが，この訳語にあたる語について，学校国文法では「幸せな」を形容動詞の連体形，「幸せに」を形容動詞の連用形と分類する。このような品詞の名称や文の成分の名称の不一致が，生徒の学習のうえで混乱を生む一因となっている可能性がある。

　また上記の課題とは別に，文法について高次から観察・分析できる能力（メタ文法能力）を育てるために，学校国文法と学校英文法が関連をもつべきという主張もある。このような観点からは，たとえば"can"と「れる（られる）」の比較を通して，異なる言語のあいだの共通点や相違点に気付く活動が構想される。このような教材開発の可能性を検討する余地が残されている。

参考文献・URL

秋田喜代美・斎藤兆史・藤江康彦編（2019）『メタ言語能力を育てる文法授業』ひつじ書房.

安部朋世・神谷昇・西垣知佳子・小山義徳（2017）「国語教科書と英語教科書における文法用語に関する基礎的調査」『千葉大学教育学部研究紀要』65，pp.209-213.

浅田孝紀（2010）「古典文法の学習指導の方法」全国大学国語教育学会編『新たな時代を拓く　中学校高等学校国語科教育研究』，pp.208-213.

文部科学省（2016）「高等学校国語科の科目構成の検討について（主な意見）」https://www.mext.go.jp/b_menu/shingi/chukyo/chukyo3/068/siryo/__icsFiles/afieldfile/2016/03/31/1369048_03.pdf（2020年6月30日閲覧）.

（勘米良祐太）

Q 16　国語科で情報をどのように扱うかを述べなさい

1．「情報の扱い方」における国語科の果たす役割

　「情報の扱い方に関する事項」（以下「情報の扱い方」）における国語科の果たす役割を考えるには，「平成29年改訂中学校学習指導要領」及び「平成30年改訂高等学校学習指導要領」で学習の基盤となる資質・能力の一つとして挙げられた「情報活用能力」について理解する必要がある。「情報活用能力」は，同指導要領解説（総則編）で「世の中の様々な事象を情報とその結び付きとして捉え，情報及び情報技術を適切かつ効果的に活用して，問題を発見・解決したり自分の考えを形成したりしていくために必要な資質・能力である。」としている。

　この「情報活用能力」は，情報を得たり，活用したりするなどの力に加えて，ICT機器を用いた学習活動を行うための基本的な操作の習得や，プログラミング的思考，情報モラル，情報セキュリティ，統計などに関するものも含んでいる。国語科では，主に「話や文章に含まれている情報」を扱い，論理の構築，妥当性や信頼性の吟味など，多面的・多角的に精査し構造化するといった論理的な思考力も高めながら，この「情報活用能力」を系統的に身に付けさせていく。

　現在，GIGAスクール構想の実現により，学校の教育活動全体でICTを活用した学習活動が増えている。これにより学習者が実感を伴いながら主体的・協働的に様々な情報と関わる機会を得て，情報を分かりやすく伝達して学び合ったり，情報を活用して探究したりする学習場面が生まれている。こうした学習経験は全ての教科等の学習活動の基盤となって働く資質・能力となるが，言語能力を育成する中心的な役割を担うという点で，今後，「情報の扱い方」に対して国語科の果たすべき役割は大きい。

2．中学校における教材研究の視点

「情報の扱い方」は新設されたものであるが，従来の国語科の指導内容と
関連するものも多い。例えば，説明的な文章の学習で段落の役割や相互の関
係，図表と本文の関係を考えるなど，「情報と情報との関係」や「情報の整
理」に関する実践事例が既に多く蓄積されている。教材研究の際には，こう
した過去の実践や事例を踏まえつつも，主体的・対話的で深い学びの創出と
いう視点から，新たな授業改善や工夫も求められる。その際，学習者が主体
的に情報との関わりに気づき，情報を正しく取り出す力を高め，社会生活に
活用できるようにしていくことが大切である。また，情報を正しく取り出す
力を高めることは，同時に正しく理解する力を高めることでもある。さら
に，情報を吟味し，その信頼性を確かめ，自分が情報の発信者となった時に
も，適切な表現を探り，その言葉に責任をもとうとする態度を育てることも
大切である。

なお，近年，多くの学習者は，1人1台端末の活用だけでなく，デジタル
教科書やデジタル黒板などのICT機器を活用した授業形態にも慣れている。
学習者の発達段階や必要に応じてそうしたICT機器を学習指導に活用するこ
とで，学習者が情報と情報の関係やつながりを視覚的にも捉えやすくなり，
より学習効果を高めることができる。

3．高等学校における教材研究の視点

大学入学共通テストへ移行するのに伴って大学入試センターが2017，
2018（平成29，30）年度に実施した試行調査では，複数の文章を比較する
問題や，図表やグラフ，実用的文章（生徒会規約，著作権法の条文の一部な
ど）を扱った問題が示された。特に，実用的文章の出題では，テクストの部
分や全体を把握，精査・解釈して解答するという「思考力・判断力・表現力」
を問うねらいが見られた。これらは複数の情報をもとに活用したり，表現し
たりする「情報活用能力」に関わる問いでもある。実施初年度となった本番
の大学共通テストでは，従来の出題形式との大きな違いはなかったが，高等

学校の教育現場において「情報の扱い方」が新設されたことで与えた意味や影響は大きいとも言える。もちろん，全てが大学入試という外部要因に帰結するわけではないが，新しい科目編成により6科目全てが新設されたこともあり，令和の時代における国語力とは何かを再考するきっかけになったのは確かである。

　以前から高等学校では，教科書や問題集等に依存した講義形式や問題演習など，一方向的な授業形態による「読むこと」を中心とした学習活動が多く見られてきたとも言われている。「情報の扱い方」については，主体的・対話的で深い学びの中で，言語活動を通して実感を伴って学ぶためにも授業改善と工夫が必要である。例えば「現代の国語」では，文章や図表などの相互に含まれる複数の情報を扱う中で，学習者が主体的に考えて発表したり，話し合って討議したり，探究したりするなどの学習場面を設定していくことになる。その際に，ICT機器やホワイトボードなどを用いて思考ツール（ベン図，ピラミッドチャート，フィッシュボーンなど）にまとめたり，フリップやポスター，スライドなどを作成したりするのも有効である。また，「論理国語」では，より高度な次元での論理的・批判的な思考としての論証や反証，推論を行っていくことになる。

　そして，混在する雑多な情報を重要度や抽象度，時系列などの観点から整理することで構造を明確化したり，段階を設定して階層化したりもしていく。

　このように，これまでよりも「読むこと」だけでなく「話すこと・聞くこと」，「書くこと」の学習にも重点を置くことで，論理的かつ多面的・多角的な視点から論拠や根拠を吟味しながら自己の主張を構築するという学びのプロセスが重視されるような授業づくりも必要となる。

4．「情報の扱い方」における新しい価値の創出

　急速な情報化と技術革新の進展に伴い，今後，教育現場ではさらにデジタル化，ICT化が進み，1人1台端末による個別最適な学びと，協働的な学びの実現に向けての環境が整備されていくことになる。生まれながらにデジタル機器に囲まれ，早い時期からインターネットやアプリなどを使いこなす

「デジタルネイティブ」の学習者が教室でICT機器を使って学び合う姿は，もはや当たり前の授業風景になるかもしれない。変化の激しい時代において，これまでの価値観や考え方が通用しないこともある。こうした時代を生き抜く資質・能力を育成するためには，指導者も不易と流行を見極めながら時代の潮流を捉え，学習者と一緒に新たな価値を創出していく国語教室をつくることが求められる。特に，「情報の扱い方」に関しては，次の学習指導要領改訂までの間にも"進行形"で大きな変化や進展が想定される事項の一つでもある。それゆえ，国語科における専門性を磨きつつも，新たなものを取り入れ，より学びの本質を追究した授業づくりに挑戦することが大切である。そうした教師としてのやりがいや使命感に支えられながら，日々のたゆまぬ努力と研鑽によって授業力が向上していく。

参考文献

冨山哲也編著（2017）『平成29年版 中学校 新学習指導要領の展開 国語編』明治図書出版.

奈須正裕（2017）『「資質・能力」と学びのメカニズム』東洋館出版社.

（細田広人）

Q 17　読書の教材と指導法をどのように工夫するか

1．読書の教材

（1）学校図書館の資料

　読書の教材を調達するには，まずは学校図書館の資料を活用するのがよい。既存の蔵書を国語科の授業で使用するだけでなく，国語科の読書の授業で必要なものを，学校図書館に揃えていくようにしたい。その際に気を付けたいことは日本十進分類法の「類」でいうと，9文学だけでなく，0総記，1哲学，2歴史，3社会科学，4自然科学，5技術，6産業，7芸術，8言語の各分野の図書も活用できるようにした方がよい。特に，0総記の図書の使用の仕方は，ぜひ国語科の授業で指導したい。

　図書だけでなく，新聞・雑誌・年鑑などの逐次刊行物も利用したい。過去の生徒が制作した文集や作品なども製本したり，パンフレット・リーフレット・チラシや，新聞の切り抜きなどをファイリング資料としたりして学校図書館に置くと，より多様な読書活動を行うことができる。司書教諭・学校司書・読書ボランティアなどの協力を得ながら，学校図書館資料を充実したい。また，学校図書館の蔵書だけでは不十分な場合，最近では自治体の公共図書館からの相互貸借制度を利用することも増えてきている。

（2）ヤングアダルト図書とライトノベル

　中学生・高校生の読書の教材は，子ども用のものではなく，大人と同じようなものを用いることが増えてくる。しかし，大人と同じような小説だけでなく，やはり中学生・高校生の興味・関心に近い，ヤングアダルト図書やライトノベルにも目を配るようにしたい。ヤングアダルト図書とは，ティーンズ（13歳から19歳）を対象にした図書のことで，その年齢の青少年を主人公にした小説だけでなく，哲学・職業・科学など様々な分野のものが含まれる。最近ではYA読書会のブックリストなどヤングアダルト図書に関する様々な情報が検索できるので，それらを参考にしたい。ライトノベルは，アニメ調の

表紙や挿絵ページを含むオタク文化に密接なかかわりがある小説のことであり，通常はライトノベル用のレーベルから出版されているものを指す。

（3）デジタルコンテンツ

内外の読書調査で，中学生・高校生と学年が上がれば上がるほど，スマートフォン，iPadなどの端末を利用したデジタル読書をする割合が高くなっていることが知られている。また，これからの時代を考えると，デジタルコンテンツを扱うことは増えていくわけで，読書の教材としてデジタルコンテンツを積極的に取り入れていく必要がある。生徒が調べ学習で利用できるようなウェブサイトの発掘，電子書籍，デジタル新聞記事など，生徒が接することのできるデジタルコンテンツを把握していきたい。

2．読書の指導法を用いる機会

読書の指導法については，本書の第3章Q16に様々な指導法を掲載したが，問題はそれをどのような時間・機会に用いることができるかである。ここでは，その機会について述べたい。

（1）〔思考力，判断力，表現力等〕に関連させた授業

平成29年改訂中学校学習指導要領では，読書が「C読むこと」ではなく，〔知識及び技能〕の（3）我が国の言語文化に関する事項に位置付いた。このことは，「C読むこと」だけでなく「A話すこと・聞くこと」や「B書くこと」でも読書が取り入れられることを意味している。例えば話したり書いたりするための「情報の収集」や「内容の検討」を，読書を通じて行うことができる。「C読むこと」については，言語活動例のウに，本などから情報を得て活用する活動が示されているので，参考にしたい。知識を得るために読み聞かせを聞いたり，教科書教材で学習した読み方を応用して並行読書してきた図書を最後に紹介したりすることができる。

平成30年改訂の高等学校学習指導要領では，国語の科目が「現代の国語」，「言語文化」，「論理国語」，「文学国語」，「国語表現」，「古典探究」の6つに再編された。このうち，「読むこと」の言語活動例で見ると，「言語文化」のオ，「論理国語」のオ，「文学国語」のカ，「古典探究」のオカキが「本など

から情報を得て活用する活動」となっている。それぞれの学習内容にふさわしい読書活動を盛り込みたい。

（2）情報の扱い方に関する事項に関連させた指導

平成29年改訂中学及び平成30年改訂高校の学習指導要領では，〔知識及び技能〕に「(2) 情報の扱い方に関する事項」が新設された。このうち，特に「情報の整理」については，情報の妥当性や信頼性の吟味，引用の仕方や出典の示し方などを扱う。読書活動と関連させて指導したい。

（3）探究的な学習に関連させた指導

国語科の授業でなく，総合的な学習の時間や他教科での探究的な学習の中でも様々な読書の機会を設けることができる。その際にどのように調べればよいか，どのように発表すればよいかなどを，国語科の授業として扱っていく必要がある。

（4）学校行事・授業外活動の利用

秋の読書週間や，文化祭，修学旅行に関連する調べ学習など，中学校・高等学校の現場では，様々な行事が行われている。そのような行事や授業外活動との連携も図りながら，読書の指導を進めていきたい。

参考文献

足立幸子（2019）「学校図書館の活用と学校での読書教育」日本読書学会編『読書教育の未来』ひつじ書房.

（足立幸子）

Q 18　書写指導の目標をどのように考えられるか

1．中学校における書写

　近年の情報入力機器の普及に伴い，文字を手書きすることの意義が見いだしにくくなっており，国語科書写の目標設定も難しい局面を迎えている。「書写」は，一般的に文字の「形（書き）」，「音（読み）」，「義（意味）」のうち，「字形を正しく整えて効率よく書く」と捉えられており，字形の学習という印象を抱かれる傾向がある。

　中学校における「書写」は，言語教育である国語科における〔知識及び技能〕の「我が国の言語文化に関する事項」の一領域とされている。ここでは，伝達性を意識して「文字を正しく整えて速く書くことができるよう」になることが目標の一つである。

　一方，高等学校における「芸術科書道」は，芸術的な美の追求を目的にしていることからこれとは一線を画している。「学習指導要領」における「書写」の指導事項に「美しく書く」という表現を使用していないことからも明らかなように，芸術科ではなく言語教育の国語科としての「書写」という位置付けを踏まえた目標の設定が求められる。

2．書写の目標の変遷

　歴史を遡れば，文字を手書きすることの学習の目標については，長い間，文字を速く書くという実用性と文字を美しく書くという芸術性のいずれかを重視するという二項対立の図式がみられた。中学校においては，小学校から継続している国語科の一領域としての書写としての立場と高等学校の芸術科書道へ接続する領域としての書写の立場の中間的な位置付けである。

　例えば，書体については近世の手習い教育では，民衆が日常的に使用する行書が実用的な学習として中核を占めていた。しかし，近代学校成立当初の小学校では先に楷書を学ぶこととされた。その後，速記に適さない楷書は非

実用的であるとして楷書と行書のどちらを採用するかで論争が続けられた。大正期以降に硬筆が急速に普及し，毛筆が実用性を失っていく中で，文字を手書きすることの教育は，文字を書くことによって他者へ言語を伝えていくことを目標とするのか，造形として芸術性を表現していくことを目標とするのか，その方向性が統一できない状態が続いてきたのである。

こうした二項対立の図式は小学校では顕著であったが，文字習得や筆遣いの入門期を終えた中等教育では戦前から芸術性を重視する毛筆書字教育が実践されてきた。芸術性を重視する場合の問題点の一つは，文字の「形」，「音」，「義（意味）」のうち，字形だけに関心が払われる可能性があることである。

冒頭でも述べたように，現代における書写は，あくまでも国語科の一領域であり，言語教育の一環としての目標については，伝達性を重視した言語コミュニケーションの一つであることを中核に据えて検討していくことが妥当である。

3．中学校における書写の「内容」

中学校の書写では，小学校の学習を踏まえて以下の内容が示されている。

(1) 第1学年の内容

エ　書写に関する次の事項を理解し使うこと。

（ア）字形を整え，文字の大きさ，配列などについて理解して，楷書で書くこと。

（イ）漢字の行書の基礎的な書き方を理解して，身近な文字を行書で書くこと。

(2) 第2学年の内容

ウ　書写に関する次の事項を理解し使うこと。

（ア）漢字の行書とそれに調和した仮名の書き方を理解して，読みやすく速く書くこと。

（イ）目的や必要に応じて，楷書又は行書を選んで書くこと。

(3) 第3学年の内容

エ　書写に関する次の事項を理解し使うこと。

(ア)　身の回りの多様な表現を通して文字文化の豊かさに触れ，効果的に文
　　字を書くこと。

＊

　上記のように，全体を通してその内容は字形，文字の大きさ，配列などその書き方に関する技術的な内容が中心である。中学校における書写の特徴は，実用的な速書きとして行書の学習が加わることである。「指導計画の作成と内容の取扱い」で示されているように，こうした毛筆による行書の学習は，「硬筆による書写の能力の基礎を養う」ものであり，これを硬筆に生かすことが実用的な書写力を高める目標の一つとなる。

　松本（2009）では，書写指導において，書写力を高めて文字言語によるコミュニケーション力を高めるためには，何かを相手に伝えるために書く「相手意識」とある目的のもとで書く「目的意識」の重要性を指摘している。この「相手意識」と「目的意識」とは，「読み手が読みにくかったらどう思うのか，また，どう困るのかを実感し，そこから読み手や目的に応じて判断して書き分けることの必要性を知り，さらに，書き分けるための基礎技能習得の必要性を知る」ことであるという。

　このように，書写の学習では，速書き等の実用的な技能としてのみ捉えるのではなく，他者とのコミュニケーションの一環として目標を設定することが重要である。

4．書写による言語の表現と言語の理解

　手書きで書くことの意義が薄れてきた現在，ただ文字を書くことを実用的な技能として習得していくことだけでは限界がやってくる。「書写」の第3学年の内容である「身の回りの多様な表現を通して文字文化の豊かさに触れ，効果的に文字を書くこと」を目指すことがその一つの方向性を示している。

　中学生である学習者は，その後の社会生活の場面で手書き，情報機器を駆使し，文字言語を効果的に活用する使い手として書写力を身に付けていく必

要がある。

　しかしそのための「書写」は図形として文字を描いているのではなく，他者または自分が読み意味を捉えるための文字を書いている。これまでの「書写」の内容を考える際，こうした学習者に生起する文字を読む行為と書く行為との関係については十分に検討されてこなかった。

　鈴木（2015）では，手書きによって文章を大量に書き写す「視写の教育」を紹介し，手書きによって「読み書きの力」（コミュニケーションの力）の習得に効果的であることを述べている。こうした読み書きの力の習得も視野に入れた場合，語彙学習や伝統的な言語文化である古典の学習と関連付けて視写を行うことにより，「読み書き力」を有した主体（学習者）を育成するという発展的な目標設定が可能となる。こうして視写と書写の指導を組み合わせることにより，「書写」において多様な言語文化に触れる機会となり，言語理解と言語表現の教育として高次の目標設定が可能になると言えるだろう。

参考文献

文部科学省（2018）『中学校学習指導要領解説　国語科編』東洋館出版社.
松本仁志（2009）『「書くこと」の学びを支える国語科書写の展開』三省堂.
鈴木慶子（2015）『文字を手書きさせる教育 ─ 「書写」に何ができるのか』東信堂.
鈴木貴史（2015）「大正期「書キ方」教育における二項対立の克服：佐藤隆一『書の科学及書の教授』を中心として」『書写書道教育研究』(30)，pp.60-69.

（鈴木貴史）

Q 19　中学校書写指導の実際はどのようなものか

1．中学校国語科書写の３年間の概要

（1）第１学年の書写指導

　入学時の生徒の書写力は，小学校での学習経験の違いから一律ではない。そのことを前提として，入学時期の書写指導は小学校の指導事項である楷書の字形と配列の学習のおさらいから入る。初回の授業では，行書学習を中心とする中学校３年間の見通しを示して，新たな学習が始まることを認識させることが大切である。行書とそれに調和する仮名は，生徒にとって大人の文字という新鮮な感覚があり，以後の書写指導へのモチベーションを高めるのに効果的である。行書が読みやすく速く書くのに適した書体であることを，行書の特徴と関連付けながら理解させることが必要である。

◆第１学年の指導事項

　（ア）字形を整え，文字の大きさ，配列などについて理解して，楷書で書くこと。

　（イ）漢字の行書の基礎的な書き方を理解して，身近な文字を行書で書くこと。

（2）第２学年の書写指導

　行書に慣れてくる第２学年においては，運筆を重視した指導を心がけて，日常生活や学校生活において基礎的な行書とそれに調和する仮名が書けるようにする。また，行書の筆使いを理解し書けるようになると，楷書の筆使いへの理解も深まる傾向が見られる。そのことを生かして，これまでの楷書学習を生徒に改めて捉え直させる契機とする視点も必要である。

◆第２学年の指導事項

　（ア）漢字の行書とそれに調和した仮名の書き方を理解して，読みやすく速く書くこと。

　（イ）目的や必要に応じて，楷書又は行書を選んで書くこと。

（3）第3学年の書写指導

　第3学年では，小学校からの書写学習の総まとめをするとともに，身の回りの多様な文字やその表現に対する認識を深める学習活動を行うなどして，高等学校の国語科や芸術科書道への接続を意識させることが求められる。10単位時間の配当しかないが，これまでに身に付けてきた書写力を日常生活や学校生活で存分に生かすことができるように工夫しなければならない。

◆第3学年の指導事項
　　（ア）身の回りの多様な表現を通して文字文化の豊かさに触れ，効果的に
　　　　　文字を書くこと。

2．中学校国語科書写の授業

　書写は，教材文字に内在する書写技能を習得するための学習であり，その授業は，「技能の理解を図る過程」と「技能の定着を図る過程」の2つの過程が構成単位となる。いわゆる基本的学習指導過程（目標の把握⇒試し書き⇒基準の把握⇒練習⇒批正⇒練習⇒まとめ⇒応用・発展）は，今日でも広く行われるが，多様な学習者の実態に合わせて柔軟に授業展開できる余地を残しておくためにも，上記2つの過程で授業全体を把握するくらいでよい。

　書写技能は，他の同一構造の字形や筆使いへの応用ができることを前提として成り立っており，手本の単なる模倣では身に付かない。したがって，「技能の理解を図る過程」においては，教師が一方的に説明するのではなく，生徒自らが手本に内在する学習課題（書写技能）を発見できるように，「比較」という認識活動を多様な形で積極的に取り入れて展開する。

3．中学校国語科書写の教材構成

　毛筆による典型教材から硬筆による応用教材へという構成が最も基本的な構成単位となる。この構成単位は，「硬筆教材で課題を発見し，毛筆教材で理解を深め，硬筆教材で日常に開く」という日常における硬筆書写力の育成を目指す書写学習の流れに合致するものである。

　一方，書写は，国語科における3領域の学習や文字に関する事項の学習と

密接に関連した指導事項である。聞きながらメモをとったり，読みながらノートに書いたりすることは日常的に行われる。国語科の他領域，他教科や総合的な学習の時間などにおける書字活動を素材とした活動中心の教材を開発することも必要である。

4．中学校国語科書写の評価

　書写教科書に掲載されている毛筆大字の典型教材には，学習課題（書写技能）が設定されているので，評価もその課題にそって行う。評価の観点が曖昧な授業は，書写が不得手の生徒の苦手意識を助長することにつながるので注意を要する。また、適切な自己評価ができるようなるまで，評価カードを活用しながら，教師が評価を加えて慣れさせるとよい。

5．書写指導における子ども理解の方法

　書写教育における子ども理解は，学習の過程でつまずきを見せる子どもを理解することが第一義である。「この子はなぜこのような字形を書いてしまうのか」という疑問の答えを得るには，その子が書いた文字を手本にした追体験が効果的である。手本に向き合った子どもの無言の自己内対話を追体験し，まとめ（清書）までの子どもの思考過程を読み解くのである。この方法は，授業における形成的評価の場でも応用できる。机間指導の際に，練習している生徒の書きぶりを見て，なぜうまくいかないのかを理解させるために，「このように筆管が傾いているからこの形が生まれる」などと解説を加えながらその場で再現してみせる。そしてその動作の視覚記憶が生徒に残っているうちに，「筆管をこのような角度にして書くとこのように書ける」などと言いながら比較対象としての範を示す。さらに「それでは，書いてごらん」と言ってその場で生徒の書きぶりを観察する。

　視覚的に把握していただけの理解が追体験によって共感的に理解できる。その子にとってのつまづきや葛藤を共有できたならば，そこからその子に特化した指導法の工夫も生まれてくるであろう。

（松本仁志）

第8章

国語科の教師の職能成長

Q1 国語科教師の役割とは何かを述べなさい

1. 国語と授業の相互関係

　学力の基礎は，読み書き算にあり，文字や文章を読むこと，理解した内容を文章として表現すること，並びに計算をして論理的に答えを導き出すことは，教育の根幹にある重要な基礎的課題である。例えば，竹綱・齋藤ほか（2011）らは，算数の文章題を解く過程を，（1）問題文を読んで理解し，（2）文章題中の未知数と既知数の関係を把握し，（3）立式し，（4）計算を行うという4つの段階に分け，多くの誤りが（1）から（3）までの段階で生じやすいことを報告している（「児童の作文学力と文章題学力の関係」『人文』10, pp.85-92.）。そのうえで，（1）及び（2）のプロセスは，論理的な思考が言語によって的確になされなければならないため，一定以上の国語力がないと誤りを導きやすいと述べる。こうした例に止まらず，どんな教科であれ，言葉を介して授業者と学習者がやり取りをし，思考しながら考えを深めることを考慮すれば，実は，国語は各教科における授業の学びに深く関わっており，教師がどのような国語力を育て，学習者がその力をどう伸ばしていくのかは一般的に極めて重要な教育的課題だと言えよう。

2. 国語を基盤とした教師の役割と分かる授業

　では，そうした国語の力を培い，伸ばしていくために，教師はどのような役割を担っているのだろうか。基礎的な国語力を身に付けるためには，系統的な内容を効率よく学び，見通しをもった学習を進めていく方がよいと考える人もあるだろう。また，一方では，興味や関心をもって学習をしないと，結局のところ，豊かな学びや深い学びは得られないのではないかと考える人もいるかもしれない。ここでは，そうしたことに焦点を当て，授業の方法と教師の役割について解説を試みたい。

3．授業の性質と授業の方法

　教材の読み解き方や作文の書き方は，系統だった教え方に基づいた学びを
行わないと，最終的には我流のやり方に止まってしまうのではないかと考え
る人は，学ぶための方法ということを重んじる傾向があるように思う。例え
ば，「文学教材の読解の視点」とか「読みの観点30」といったような類は，
実際の教材文をもとに，どこに目を付けどのように考えれば，その教材をよ
く理解できるのかということを具体的に示しているが，実際の小・中学校の
先生方からよく聞くのは，「授業の中で読解のための方法をきちんと説明し
たはずなのに，一向に自分で教材を読み解く力が育ってこない」といったよ
うな疑問である。こうした場合に見られる最も典型的なパターンは，学んだ
方法のうち，どれを選択すれば目の前にある教材をうまく読み解けるのか，
という「方法論の選択と適用に関する力」を学習者が理解していないという
問題である。すなわち，どの方法はどんな特徴をもった教材ならばうまく当
てはまるのかという相互関係を理解することなく，表面上，教材を読み解く
ためにはこんな方法があるのだ，ということだけを観点の数だけ勉強するよ
うなケースである。換言すれば，「読みの観点30」を丁寧に学習者に説明し
たところで，それを教材文の特性に合わせて選択する力が育っていなければ，
いったいどの文章に学習した方法のどれを当てはめればよいのか，というこ
とは学習者にはわからないままである。刊行されている本の中における説明
が「なるほど」と思えるのは，その教材に合った方法で読解の仕方を教えて
いるからであって，その方法論だけですべてが割り切れるわけではない。

4．授業の本質と教師の役割

　国語という教科は，既存の方法論を学んだからすらすらとすべての文章を
読み解けたり書けたりするわけではない，ということもまた一方の事実であ
る。ましてや，上で述べたような方法論を学習しても一向に自力で読むこと
ができないなどといった現象が見られるようなことがあるとなおさらであ
る。では，そうした固定的な方法にこだわらずに，目の前の子どもたちの姿

を大事にして，生き生きと興味をもって学習するということの方が重要なのだろうか。芦田恵之助や大村はまといった優れた国語教育者は，こうした問題をどう考えていたのだろうか。

　芦田は，後の国語教育に大きな影響を与えた人で大村も深く傾倒した一人だが，例えば，次のようなことを述べている。「自由に書きたいことを思う通りに書いて，書く回数を重ねることが大事なのではない。そのような作文指導を行っていれば，自然に自得して伸びていく児童だけが力を伸ばし，伸びない書けない子どもはそのままの状態に留まっているだけだ」「興味を持って学習することが大事であることは論を待たないが，では興味関心に任せて学習を進めればよいかというとそんなことはない。きちんとした指導がないと力は育たないのだ」。芦田は興味・関心を重んずる経験主義の源流のように言われ，単元学習にも大きな影響を及ぼしたけれども，その人においてすら指導のない授業は批判されている。芦田は教師の仕事を園丁に譬え，単に種を蒔くだけではだめで，水を与え肥料を施し，剪定や下草を刈らなければ美しい花や立派な果実は得られないと述べる。つまり，こうした園丁の仕事になぞらえた一連の作業こそが，授業における指導なのだというのである。作文で言えば，日本は伝統的に生活文の記述に重きを置いてきた。長い教育の伝統の中では，意見文や説明文よりも圧倒的に生活文が占める比重の方が大きかったのである。しかし，前述した芦田は書きたいことを思った通りに自由に書く作文では絶対に力は伸びないと言った。よく，人に伝えたい何か，自分が面白いと思う何かがあれば文章は書けるのだということを聞くことがあるが，我々の日常は朝起きてから寝るまで，大抵平凡なことを繰り返しているだけで，そんなにエキセントリックな出来事が頻出するわけではない。だからこそ，芦田はその平凡な出来事からいかに非凡でレアなものを切り出すかを重視し，それをどう文章化すれば優れた作文になるのかの範文を作り出した。彼は，そうした一つの方法論とでも言うべき，抽出の視点と構成例をふんだんに用意し，それを徹底的に学習者に模倣させたのである。長い教育の歴史の中では，授業において大事なことは最終的に学習者がどのような力を付けたのかということであって，実は，いかに楽しく興味をもっ

て学習できたのかではないのである。もちろん，最終の目標を達成するに当たって，その過程で興味関心をもって学習できるに越したことはない。しかし，興味関心を重んずる授業を目指す人にありがちなのは，その過程で重視される取り組みの姿勢と最終的な目標とを混同してしまうことではないだろうか。だからこそ，大村も指導ということは大変大事にした。こうした芦田や大村の実践を紐解くと，確かな力を身に付けるとは，優れた価値あるものを徹底的にまねることによって基礎的な土台を形作るということだったのである。

参考文献

竹綱誠一郎・齋藤寿実子・吉田美登利・佐藤朗子・瀧沢絵里・小方涼子（2011）「児童の作文学力と文章題学力との関係」『人文』第10号 85-92.

渡部洋一郎（2022）「大正期作文教育における自己の表出と人間性の涵養 ── 芦田恵之助の随意選題論に見られる人間力の問題」『「人間力」を育てる ── 上越教育大学からの提言6』上越教育大学出版会，印刷中.

（渡部洋一郎）

Q2 国語科教師の研修のあり方はどのようなものか

　教師の研修は，①教師の成長発達観をベースに，②学術研究の成果や教育政策の動向など，教育実践に関わる専門的知見を実践に取り入れつつ，③経験を省察する（問題を発見し解消の見通しを模索し続ける）ことの3点によって構想・実施・評価することが必要である。以下，国語科という特定教科の教師の研修のあり方に焦点化させつつ説明する。

1．教師の成長発達観

　教師の成長発達観は2つの型に分類される。他律的な理想の教師像に向けて力量を垂直的に高めていく「積み上げ型発達観」と，一人ひとりの教師が自らの実践を省察しながら自分ならではの新たな方向を自己選択し続ける「選択的変容型発達観」である。先行研究では，後者の成長発達観に拠りながら自己研鑽することの有効性が実証されている（山﨑，2012）。国語科教師については，教材解釈に心もとなさを自覚する教師，子どもの言語認識の実態を見取りきれない教師，子どもの言語活動の組織化に不安を抱く教師など，教師ごとにさまざまな課題が想定される。重要なのは，一人ひとりの教師が自らの課題を認識し，その解消に向けて必要な研修内容を自己選択しようとする志向性である。教育政策などによって取り上げられる現代的・今日的な課題に直結する内容ばかりを追い求めるのではなく，教師自ら見いだした問題の解消に資する研修内容を多様な選択肢の中から教師自身が自己選択し教師としての成長の歩みを確かなものにしていくことが重要である。

2．専門的知見の翻案

　経験を積みさえすれば成長するという単純な図式で教師の発達を捉えることはできない。教師自身の既存の学習・指導観を相対化する姿勢をもち続け，子どもの学びの過去と未来を見据えつつ今の実践を創造し続けなければ，子

どもの学びを充実させることができないからである。教師自身が自然と身に
まとってしまう学習・指導に関わる固定観念を相対化するためには，教師の
外にあり時には抵抗をも覚える「理論的な概念や原理を実践の文脈に即して
翻案する思考の様式」（佐藤，1997）に慣れる必要がある。国語科に限定し
て考えれば「話す・聞く・書く・読む・言語」に関わる研究知見と積極的に対話
するということである。例えば，国語科の教科内容は曖昧に捉えられること
が多いため，言語活動・言語生活を効果的に営むための言語技術に注目し
（鶴田，2007），「話す・聞く・書く・読む」等各領域の実践を言語技術の観点か
ら再編成するというのも選択肢の１つである。また，29年改訂学習指導要
領では，「話す・聞く・書く・読む」の各領域の指導事項が，学習過程に沿って
必要事項が整理されているため，そうした知見を教師自身のこれまでの教育
実践と照らし合わせながら，新たな実践を創造するという方法もあろう。

3．経験の省察

　教育実践の省察は，一過性の断片的なものではなく，構造的・相互連関的
なふり返りの継続によって実効性が生み出される。「選択的変容型発達観」
に基づく教師自身が編み出した成長の見通しを基調としながら，ともすると
固定観念に絡め取られてしまう現在の実践の基にある学習・指導観を相対化
し，馴染みの有無にかかわらず専門的研究知見を積極的に翻案しつつ，教育
実践における問題を発見し，その解消の見通しを模索し続ける省察を積み重
ねることが重要である。

　省察を実際に行うに際しては，その方式をある程度定式化させ，教師の成
長見通しのリアリティーを失うことなく，さらに，省察の結果を実践記録と
して記述・蓄積しようとする姿勢が求められる。

　国語科授業実践に関わる省察の方式については，授業リフレクション研究
として方式・留意点とともに豊富な実践例が示されている（澤本ほか，
2016）。そこで示されているのは，当事者の教師自身が設定した省察の観点
に拠りながら，自らの実践の足跡を自分一人でふり返るとともに，同僚教師
など専門的知見を共有する仲間とともにもふり返るという方式である。

また，教師自身の教育観と対峙する教育環境と葛藤しつつ，その葛藤が解消されるに至るまでの省察プロセスについて，ジレンマをやり繰りする教師の典型事例として概念化した研究（藤原・荻原，2012）もある。その研究からは，形式的な省察方法を超える教師の成長パースペクティヴのリアリティーが見いだされる。

　省察の結果の実践記録化とは，出来事を断片的に，あるいは，時系列に沿って列挙するような記録を作成するということではない。教育実践の中から取り上げるべき事例を精査し，選び出された事例相互の関連性を子どもの学びに即して体系化するとともに，一人称の主観的意味付けを盛り込んだ記録として編み上げることを意味する（秋田，2005）。

＊

　これまで述べてきたように，教師の研修は，単に，経験を積むだけ，あるいは，省察を重ねるだけでは，その実効性が期待できない。①教師の成長発達観という大きな見通しをもとに，②専門的研究的知見を子どもの学びの文脈に即して翻案しつつ，③具体的な方式に拠りながら，問題の発見とその解消を志す思考様式によって進め，そうした省察の結果を一人称の実践記録として編み上げ続けることが必要である。

参考文献

秋田喜代美（2005）「実践記録と教師の専門性」教育科学研究会編『教育』
　　　55-12国土社，pp.45-52.
藤原顕・荻原伸（2012）「受験体制の中で自分の教育観にこだわる」グルー
　　　プ・ディダクティカ編『教師になること，教師であり続けること』
　　　勁草書房，pp.159-181.
佐藤学（1997）『教師というアポリア ── 反省的実践へ』世織書房，p.64.
澤本和子他（2016）『国語科授業研究の展開』東洋館出版社.
鶴田清司（2007）『国語科教師の専門的力量の形成』渓水社.
山﨑準二（2012）『教師の発達と力量形成』創風社.

（丸山範高）

Q3　国語科教師の授業研究のあり方はどのようなものかを述べなさい

1.「研究授業」から「授業研究」へ

　学校の教育現場では，さまざまな形で研究的な活動が行われている。「授業研究」は，そうした学校現場で行われる研究的な活動の一環として位置付けられる。学校における「授業研究」は，教師一人ひとりが，発問や教材の工夫，子どもたちの多様な応答を予測したうえでの授業の構想や授業過程の組織化，学力や意欲の個人差を配慮した授業改善の提案をもとにした，よりよい授業のあり方を模索する，教師一人ひとりの実践的力量の形成を意図した研鑽の機会として位置付けられる。

2.「学校で研究する」ということ

　学校における教育活動は，基本的には学習指導要領に基づいて進められなければならない。しかしながら，学習指導要領の叙述自体は具体的なものであるとは言えない。教科ごとに，目標や内容，指導事項等の留意点が概説されているだけであり，言語活動例も概略が示されているだけである。だからこそ，授業デザインに関しては，教師による裁量が認められていると考えることもできる。

　国語科教師は，おそらく学習指導要領の記述を授業構築の際の指標として活用しているはずである。また，実践事例や指導書などの参考となる資料を活用しているはずである。ただし，こうした「資料」が，教室の子どもたちの「実態」に即したものとは限らない。国語科教師は，決してパターン化することのできない，そして一般化することのできない，複雑な存在としての子どもたちに向き合い，学習を組織していくのであり，子どもたちの資質・能力を高めるために，「実態」に即して学習過程を組織しているはずである。授業実践は，教師による子どもたちの「実態」をはじめとする個別的で，不

確定なさまざまな要素を，１人の教師が複合的に捉え直したうえでの判断の結果，意思決定の結果としての，「表出の一形態」であると位置付けられる。

　学校で「授業研究」を行うということは，授業の「ケーススタディ」を行うということである。このことは，「授業研究」が，授業理論の構築を目指す科学的な営みではないということを意味する。むしろ「臨床性」を重視した，教師としての意思決定の妥当性を批評し合う過程なのである。教師自身が，実施された授業を対象化したうえで，授業の中の事実から見いだされる意思決定の具体，そして，意思決定のあり方自体を具体的に検討していくことにより，より良い授業改善の方策，自らの授業デザイン意識自体を探ることが求められるのであり，「学校で研究する」ということの価値はここにある。

3. 国語科教師の授業研究のあり方

（1）国語科教師にとっての授業研究

　学校における「国語科授業研究」は，国語科の目的・内容・方法を備えた教科内容として，教材開発の妥当性や教材分析の深さを問うことや，学習開発の側面から，発問の妥当性の検証や学習指導過程の組織化の検証等を通じて，新たに学習者の「学び」を組織し，教育内容と教育方法を開発していく行為にほかならない。

　教師としての学び，探究の過程を，「授業」という形で披露し，検証していく過程が「授業研究」であり，その検証過程自体が教師個人の実践的力量の形成に資することになる。とりわけ，「授業」としての提案は，同僚教師との批評と検証を通して，言語能力の育成という観点からの授業過程の適切性の探究と，教材の内容的理解の側面からのより深い分析と省察が求められることとなる。

（2）国語科授業研究の進め方

　国語科教師としての実践的力量の形成は，教育技術の向上とともに，自らの「観」自体を捉え直すことによってなされるものである。教育観や授業観が固定化された状態は，授業のマンネリ化をもたらすことにもなる。また，

教室や子どもたちの「実態」把握を固定的なものとしてしまい，新たな授業の構想や創造に向かなくする可能性も存在する。だからこそ，「授業研究」を通じ，国語科教師としての自らの「観」自体を捉え直し，国語科教師としての専門的力量を高めることになることが求められる。

　学校における「授業研究」において，授業という事実の検証を通じた分析と省察が求められる以上，教師個人の実践開発の意識を忠実に記述した学習指導案の提出が重視されることは当然である。学習指導案には，国語科教師としての教育観や授業観が反映されるはずである。授業研究に際しては，国語科教師としての授業構想意識と実践の事実を検証し，批評し合うために，事前で何を考えていたのか，そしてその考えや教師としての指導が何に裏打ちされたものなのかを学習指導案にしっかりと記述し，検証できるようにしておくことが求められる。

　最後に，学習指導要領の改訂に伴い，学校におけるカリキュラム・マネジメントの充実，学校が育成を目指す資質・能力を明確にして指導していくことの重要性が記述されることになった。国語科として，学校が目指す子ども像の育成に向けて，何ができるのかを「授業研究」を通じて提案し，検証していくことが求められていることも確認したい。

参考文献

垣内松三（1934）『国語教育科学概説』文学社（久松潜一ほか〔編〕『垣内松三著作集』第5巻，光村図書，1977）.

木原俊行（2004）『授業研究と教師の成長』日本文教出版.

若木常佳（2018）「国語科教師の「思考様式の形成史」への着目」『国語科教育』81，pp.32-40.

（宮本浩治）

［編著者］

甲斐雄一郎　筑波大学教授，博士（教育学）。
　　著書：（共編著）『MINERVA はじめて学ぶ教科教育　初等国語科教育』（ミネル
　　ヴァ書房，2018），『国語科の成立』（東洋館出版社，2008）。

間瀬茂夫　広島大学大学院教授，博士（教育学）。
　　著書：『説明的文章の読みの学力形成論』（渓水社，2017），（共著）『教師教育
　　講座　第12巻　中等国語教育』（協同出版，2014）。

［執筆者］（50音順）

浅田孝紀	（金沢学院大学講師）
足立幸子	（新潟大学准教授）
上田祐二	（北海道教育大学旭川校教授）
浮田真弓	（岡山大学大学院教授）
長田友紀	（筑波大学准教授）
甲斐雄一郎	（筑波大学教授）
勝田　光	（筑波大学助教）
河野智文	（福岡教育大学教授）
勘米良祐太	（名古屋女子大学准教授）
菊田尚人	（山形大学講師）
古賀洋一	（島根県立大学准教授）
小林一貴	（岐阜大学教授）
島田康行	（筑波大学教授）
鈴木愛理	（弘前大学講師）
鈴木貴史	（帝京科学大学准教授）
砂川誠司	（愛知教育大学講師）
武田裕司	（富山大学講師）
竜田　徹	（佐賀大学准教授）
田中智生	（岡山大学大学院教授）
冨安慎吾	（島根大学准教授）
中井悠加	（島根県立大学准教授）

長岡由記　　（滋賀大学准教授）

中西　淳　　（愛媛大学教授）

中野登志美　（宮崎大学准教授）

藤森裕治　　（文教大学教授）

舟橋秀晃　　（大和大学教授）

細田広人　　（筑波大学附属中学校教諭）

間瀬茂夫　　（広島大学大学院教授）

松友一雄　　（福井大学教授）

松本仁志　　（広島大学大学院教授）

丸山範高　　（和歌山大学教授）

宮本浩治　　（岡山大学准教授）

村井隆人　　（中国学園大学講師）

八木雄一郎　（信州大学准教授）

山下　直　　（専修大学教授）

山元悦子　　（福岡教育大学教授）

若木常佳　　（福岡教育大学大学院教授）

渡部洋一郎　（上越教育大学大学院教授）

装幀：奈交サービス株式会社
DTP：片野吉晶

新・教職課程演習　第16巻

中等国語科教育

令和3年11月30日　第1刷発行

　　編著者　　甲斐雄一郎 ©
　　　　　　　間瀬茂夫 ©
　　発行者　　小貫輝雄
　　発行所　　協同出版株式会社
　　　　　　　〒101-0054　東京都千代田区神田錦町2-5
　　　　　　　　　電話　03-3295-1341（営業）　03-3295-6291（編集）
　　　　　　　　　振替 00190-4-94061
　　印刷所　　協同出版・POD工場
ISBN978-4-319-00357-0

新・教職課程演習

広島大学監事 野上智行 編集顧問
筑波大学人間系教授 清水美憲／広島大学大学院教授 小山正孝 監修
筑波大学人間系教授 浜田博文・井田仁康／広島大学名誉教授 深澤広明・広島大学大学院教授 棚橋健治 副監修

全22巻　A5判

協同出版